電子商取引とeビジネス

ネット通販からプラットフォーム、AIの活用へ

丸山正博 著

八千代出版

はしがき

　電子商取引は、単に取引チャネルの多様化や業務の効率化をもたらすだけではなく、新たなビジネスモデルの創造など企業の戦略的活用を可能にし、消費行動の充実を通じて私たちの日々の生活をも向上させる。しかしそのためには電子商取引の日々の変化に目を向けるだけでなく、そこに内在する法的リスクなどさまざまな問題をクリアにし、その対策を行うことが不可欠である。

　本書はそのような筆者の問題意識をもとに、電子商取引（e-Commerce）やeビジネスが企業活動や消費行動に与えている影響を理解することを目的にまとめている。筆者は流通・マーケティングの視点から電子商取引の研究を行ってきたが、大学院では民事法を専攻しており、この領域にはインフラとしての法整備が引き続き必要であるとの思いも強い。そのため、本書は主に商学的な視点から電子商取引やeビジネスの進展を論じているが、実務上は避けることのできない法学的・政策的な問題意識も盛り込んでいる。したがって本書の読者としては、商学または経営学系統の学問を学ぶ学部生や大学院生、あるいは電子商取引に実務でかかわっているビジネスパーソンを想定している。

　電子商取引は近年、消費者向けのインターネット通信販売の成長が著しいが、企業では数十年前からコンピュータ・ネットワークをさまざまな形でビジネスに活用してきた。そこで本書では、電子データや情報システムが企業活動をいかに変革させているかというeビジネスについても考案している。具体的には、序章で電子商取引の概要をまとめたうえで、前半の1章から4章では企業対消費者電子商取引すなわちネット通販について、後半の5章から8章では情報システムの戦略的活用といった企業間電子商取引を含むeビジネスについて考察する。

ネット通販については、まず1章で、市場規模や取引形態といった概説に加えて、店舗販売など他の販売チャネルとの相違点を、取引の非対面性やデジタル情報の双方向性といった特徴にまとめている。ついで2章では取引における契約の流れについて、生産者との直接取引やロングテールといった電子商取引ならではのビジネスモデルの特質、非対面取引ゆえの法的な問題点を論じている。そして3章では資金と物の流れについて、クレジットカードや企業ポイントなど代金決済の諸類型、商圏の制約のないネット通販の輸送・在庫機能の特徴、デジタルコンテンツすなわち情報財の物流の特質や著作権の問題について論じている。さらに4章では情報の流れについて、デジタル情報の双方向性を活かしたWeb2.0やアフィリエイト広告などビジネスモデルの拡張と、情報漏洩の問題について論じている。

　eビジネスについては、まず5章で、市場規模などの現状に加えて、インターネット以外のオンラインネットワークの活用や、情報システムの戦略的活用といったeビジネスの変遷についてまとめている。ついで6章ではPOSシステムやサプライチェーン・マネジメント、クラウドコンピューティングといった情報システムの活用による企業活動の変革について論じている。そして7章ではインターネット上の膨大なアクセスや情報の仲介を主な事業領域とすることで存在感を強めているプラットフォームビジネスの特徴について、伝統的な中間流通機能も踏まえて論じている。さらに8章では、分散管理というインターネットの開放性に適した暗号技術であるブロックチェーンの特徴について、国内取引と比較して取引リスクが高く取引関与者も多い国際取引における貿易手続きの電子化を題材にまとめている。

　冒頭にあげた筆者の問題意識は、思いが先走るばかりで本書に十分に反映することができなかったかもしれない。読者の皆さまからの苦言や助言を頂戴することができれば筆者としては望外の喜びである。

　最後に、本書の出版を快くお引き受け下さった八千代出版社長の森口恵美子氏、筆者の原稿の多数のミスに緻密な訂正を付けて下さった井上貴文氏に

心からお礼を申し上げる。

　2020 年 1 月

丸 山 正 博

目　　次

序　章
ガイダンス

1.　インターネットで本を買う

▶ 欲しいものはどこで買う？

　あなたはなにか買いたいものがあるとき、それをどこで手に入れているだろうか。もしそれが一般的なカップ麺や雑誌であれば、近くのスーパーマーケットやコンビニエンスストアですぐに購入することができるだろう。本であれば、近くの書店に買いに行くかもしれない。しかしベストセラーであればともかく、学問や趣味に関するような専門書は小さな書店には置いていないことが多い。このような場合はどうすればよいだろうか。

　手近な書店で注文をすることもできるだろう。しかし本が書店に届くまでに数日以上かかることが多いから、早く入手したいときは不便であるし、目次など見ながら本を選ぶつもりの場合は注文すること自体難しい。あるいは都心の大きな書店に行って探すこともできるだろう。しかし、そこまで行くには交通費も時間もかかるし、欲しい本が必ず置いてあるとは限らない。

　では、インターネット通信販売（以下、ネット通販と略す）で本を買うとしたらどうだろう。自宅や学校のパソコン、あるいは持ち歩いているスマートフォンがインターネットに接続していれば、その場でいながらにして本を注文することができる。それではどのような手順を踏めば本を買うことができるのか。売り手の顔が見えないインターネットでの買い物になにか問題点はないのか。少し考えてみよう。

▶ アマゾンからネット通販をのぞく

　本のネット通販を行っている企業のウェブサイトのアドレスが分かっているのであればそれを入力すればよいし、利用したいウェブサイトのアドレスが分からないとか、どこで買おうか迷っているという場合には、グーグルやヤフーなどの検索サイトで、本のネット通販事業者を検索することもできる。たとえばグーグルで「本　ネット通販」と入力して検索するとたくさんのネット通販事業者が検索される。このとき画面の上と右にはスポンサーリンクという一種の広告が表示され、広告主のウェブサイトへのリンクが表示されることがある。

　ここでは情報セキュリティについてレポートを書くために、本のネット通販事業者の中でも有名なアマゾンで「情報セキュリティに関する調査資料が載った本」を買うことにしてみよう。アマゾンのウェブサイトを見ると、日本の書籍だけではなく洋書さらには音楽 CD やゲームソフトも販売していることが分かるが、今回は本の検索欄に「情報セキュリティ　調査」と 2 つの単語を入れて検索してみる。その結果、検索条件に合致する多数の書籍名が表示される。これらの表示は価格やレビューの評価の順番で並べ替えることもできるが今回は、出版年月の新しい順で上位に表示された『情報セキュリティ白書 2019』をクリックしてみると、本の目次や概要が表示される。

　表示を見たところでは、この本に自分が知りたい情報がありそうなので購入することを決め、「ショッピングカートに入れる」というボタンをクリックする。すると画面上では、この本を買った人が他に買った本も紹介されている。これらの本の中には、カスタマーレビューという購入者のおすすめ度やコメントが表示されるものや、なか見検索という本の一部の数頁を確認できる立ち読み機能が付加されたものもある。アマゾンが扱う新品だけでなく他の売主が扱う古本を買うこともできるようだ。どの本も参考になりそうだが、とりあえず今回ははじめに選んだ 1 冊を購入することにしておこう。

　次に、購入のために顧客情報の登録を求められるので、画面に従って IDとパスワード、電子メールアドレスや住所・氏名などを入力する。そのうえ

で商品購入を進めていくと、購入商品や数量を確認する画面が表示される。この画面で確認すれば、不要な商品を選択していた場合や11冊購入と入力していた場合のような、うっかりミスでの「かんちがい」があっても訂正することができるわけだ。さらに確認画面では送付先の確認や、代金支払方法をクレジットカードや商品配達時の代金引換、銀行振込みなどから選択することになる。

　ところでネット通販は街なかの店舗に出かけずに買い物をすることができるから便利ではあるものの、商品の配達にはいくつか問題がある。まず配送料は、書籍の通常配送は無料になると記されている。次に配達日。いつも家にいるわけではないから配達日時を指定できればよいのだけれど……。追加料金を支払う必要があるようだ。とはいえ、商品の発送状況はIDとパスワードでログインすればウェブサイト上で確認できるようだし、宅配便は不在の場合は再配達してくれるから大きな問題はないだろう。

　以上の手続きを経たうえで、最後に確認ボタンを押してインターネット上で本を注文すると、ほどなく電子メールが送られてくる。そこには注文を受け付けた旨が記されている。相手の目の前で申込みをするのではないインターネットだから注文が届いたことが分かって安心できる。

　ところで登録した個人情報はインターネット上から外に漏れることはないのだろうか。住所・氏名や電話番号が他の会社に流れてセールスの電話がかかってきたり、希望しない広告が電子メールで送られてきたりすると迷惑なのだが、個人情報の管理はどうなっているのだろう。これについてはアマゾンのウェブサイトの下部をよく見ると、データ送信の際のセキュリティ対策や社内での情報の取扱などプライバシー規約の説明がある。個人情報の保護には万全を期しているようなのでほっとした。

▶ アマゾンの商品販売サイトの特徴

　インターネットで検索すると、商品を販売するサイトは無数にあることが分かる。ここで取り上げたアマゾンは、ネット通販の草分け的存在で売上高

も多いアメリカの Amazon.com（アマゾン・ドット・コム）の日本法人であり、個人向け電子商取引に関する多くのノウハウを用いた事業運営を行っている。そこで本書のガイダンスとして、アマゾンの商品販売サイトの特徴から電子商取引に必要な機能や問題点を見ておくことで、次章以降の本題につなげていこう。

　まずネット通販の特徴は、店舗を訪れて商品を探して購入するという、顧客の手間や交通費といった時間費用や金銭費用を削減して、効率的な購買行動を可能にしたことにある。書店で無数の出版物の中から目当ての本を探すことは大変な手間であるし、目当ての商品をすべて揃えるためにはいくつもの店を買い回らなければならないかもしれない。

　しかしアマゾンでは書籍名やそれに関連するキーワードでの検索により、対象となる書籍を一覧することができる。これらは売れている順や出版年月などで並べ替えができるし、目次や内容の一部を確認できる書籍も多いから、店舗よりも効率的な検索が可能となる。またアマゾンは国内書籍だけでなく、洋書や音楽 CD、ゲームやパソコンのソフトウェアなども販売している。まるで総合スーパーや百貨店のように、幅広いカテゴリーの商品を同時に買うこともできるのである。

　次にネット通販は、通常の店舗販売と異なって商品の実物を確かめることができず、売り手と買い手が目の前で売買するのでないから問題点もある。たとえば購入するつもりのない商品をかんちがいで選択してしまったり、他人になりすましての商品購入がなされるおそれがある。また商品購入の申込みを相手方が受け付けてくれたのか確認できないと不安が残る。さらに、不在時などの商品の受け取り方法も問題になるし、インターネット上で登録した個人情報が悪用されてプライバシーが侵害されるおそれもある。

　こうした問題に対してアマゾンでは、商品購入のかんちがいを防ぐために買い手が購入申込みを完了する前に確認画面を用意している。そして申込みの受信後は、買い手に対して電子メールで速やかに受付通知を発している。また購入商品の発送予定日や実際の発送状況はウェブサイト上で確認するこ

とができる。さらに個人情報の保護については、プライバシー規約を設けてデータ送信時のセキュリティ対策と社内での個人情報の取扱基準を定めている。

　このような機能はアマゾンだけでなく、多くのネット通販事業者が設けている。本書ではこうした個人向けネット通販をはじめ電子商取引全般について、その特徴や問題点を考えていくこととする。

2.　電子商取引の概要

▶ 電子商取引とはなにか

　本書は電子商取引をテーマの一つにしているが、そもそも電子商取引とはどのようなものを指すのであろうか。たとえばインターネットの価格比較サイトで情報を収集した後で街なかの店舗で商品を購入した場合や、ウェブサイトで商品を購入したけれども代金はコンビニエンスストアで事前に支払った場合は電子商取引に含まれるのか。あるいは私たち個人消費者がインターネットで買い物をするだけではなく、企業と企業が専用回線のようなインターネットとは異なる閉鎖的なネットワークで取引を行う場合も電子商取引にあたるのか。電子商取引をいかに定義するかが問題となる。

　実際のところ、電子商取引になにが含まれるか絶対的な定義があるわけではない。たとえばインターネットにおける売買であると狭くとらえる論者もいるだろうし、オンライン・ネットワーク上で情報を入手した場合がすべて該当すると広くとらえる論者もいるかもしれない。

　この点、経済産業省が毎年行っている「電子商取引に関する市場調査」では、電子商取引を、それを行うネットワークに注目して狭義と広義に分け、それぞれの定義を国際的機関である OECD（Organization for Economic Co-operation and Development：経済協力開発機構）の定義に準拠して行っている。

　すなわちこの調査では、狭義の電子商取引とは、「インターネット技術を用いたコンピュータ・ネットワーク・システムを介して商取引が行われ、か

つその成約金額が捕捉されるもの」と定義している。また広義の電子商取引とは、「コンピュータ・ネットワーク・システムを介して商取引が行われ、かつその成約金額が捕捉されるもの」と定義している。

さらに、商取引行為とは、「経済主体間での財の商業的移転に関わる、受発注者間の物品、サービス、情報、金銭の交換のことをいう」と定義する。そして、インターネット技術とは、「TCP/IP プロトコルを利用した技術を指しており、公衆回線上のインターネットの他、エクストラネット、インターネット VPN、IP−VPN 等が含まれる」と定義する。インターネット技術については後述するが、これらの結果として、電子商取引の狭義と広義の違いについて、広義の電子商取引には、狭義のそれに加え、専用回線などインターネットが普及する以前からのコンピュータ・ネットワーク・システムを利用した電子商取引が含まれることになる[1]。

つまり電子商取引に含まれる範囲を分かりやすくいえば、企業対消費者取引だけでなく企業間取引も含まれること、形のあるモノの売買だけでなくソフトウェアのダウンロードのような情報の売買も含まれること、私たちになじみのあるインターネット経由だけでなく企業間取引で用いられる専用回線など他のオンライン・ネットワークを介するものも含まれることになる。他方、オンライン・ネットワーク上で取引を行ったわけではなく、単なる情報収集やコミュニケーション手段に利用しているだけでは電子商取引には含まれないことになる。

現実問題としては、なにが電子商取引に含まれるかは議論ごとの文脈に応じて変化し、厳密な定義を行うことに実益は少ないかもしれない。しかし本書では論を進めるにあたって、とくに注釈がない限り、上記の調査にいう広義の定義に準拠して、電子商取引とはオンライン・ネットワーク上で物品・サービスなどの財の受発注を行う売買契約であると定義する。ただし、本書の考察対象には電子商取引だけでなく、価格比較やブログのような消費者に

---

1 インターネットはアメリカで 1960 年代から軍事目的で開発されてきたが、民間で普及したのは 1990 年代以降である。

よるコミュニケーション活動や、企業の社内情報システムのような周辺領域、すなわち後述するeビジネスも含むこととする。

▶ 電子商取引の市場規模と分類方法

　それでは電子商取引はそれぞれどのくらいの取引高があるのだろうか。市場規模についてはさまざまな行政機関や各種調査機関が推計値を公表しているが、それぞれ電子商取引の定義や調査方法などさまざまな相違点があることから金額の乖離は大きい。そこで本書では一つの参考値として、前述の「電子商取引に関する市場調査」から経済産業省（2019）をもとに近年の市場規模とその推移を確認しておく[2]。

　これによると企業対消費者取引の市場規模は2018年で物販系分野では対前年比8.12％増の約9兆3000億円であり、店舗販売やカタログ通信販売などすべての消費者向け取引に占める電子商取引の割合をいう電子商取引化率は6.22％である。電子商取引化率は2017年には5.79％であり、順調に伸びている。また企業間取引は、市場規模が対前年比8.1％増の約344兆円で電子商取引化率が前年比0.8ポイント増の30.2％である[3]。

　市場規模は、企業対消費者取引については1章、企業間取引については5章でさらに詳しく考察するが、ここでは電子商取引は、①市場規模、電子商取引化率ともに企業対消費者取引と比較して企業間取引の方が圧倒的に高水準であること、②市場規模、電子商取引化率ともに、企業対消費者取引、企業間取引両者が増加していること、という2点を確認しておきたい。

　ここまで述べたように、電子商取引にはさまざまな取引が含まれている。それでは多種多様な電子商取引は、どのように分類することができるのだろ

2　なお、取引には国内間の事業者・消費者の取引、国内の事業者の輸出取引は含まれるが、海外事業者からの輸入取引は含まない。またインターネットオークションについても含んでいない。
3　経済産業省（2017）調査まではインターネット経由に限定した狭義の企業間電子商取引市場規模についても示していた。それによると2016年の狭義の電子商取引市場は約202兆円で電子商取引化率は19.8％、同年の広義の電子商取引市場は約289兆円で電子商取引化率は28.3％であった。

うか。

　電子商取引の分類にはいくつかの方法が考えられるが[4]、はじめに前述の経済産業省（2019）のように取引の主体に着目してみよう。これは誰が売り手や買い手になっているか、という視点である。

　売り手は、商品を売ることを事業の目的にしているわけだから会社や個人事業主といった事業者である。本書ではこれら個人消費者以外の事業者をあわせて、企業ということにする。一方買い手は、企業の場合と私たちのような個人消費者の場合とがあることになる。たとえば自動車メーカーが部品メーカーから部品を調達する場合は前者であり、個人が自宅で私用に使うパソコンを小売店やメーカーから購入する場合は後者である。つまり取引主体に着目すると電子商取引市場は、企業間（B to B：Business to Business）電子商取引市場と企業対消費者（B to C：Business to Consumer）電子商取引市場とに分類することができる[5]。

　次に、取引が行われる電子市場への参加者数に着目してみよう。売り手や買い手は単独なのか複数なのかという分類である。ネット通販では個人の購入量には限界があるから、売り手は必然的に複数の買い手を対象にすることになる。一方売り手は、自社のウェブサイト上で販売する場合は一人ということになるが、楽天市場やヤフーショッピングのようなネットショッピングモールでは複数の販売事業者が会することになる。そこで前者を1対Nの取引、後者をN対Nの取引としておこう。

　企業間電子商取引では、ネット通販と同様に、売り手が単独で買い手が複数となる場合と、eマーケットプレイスというサイトに複数の売り手と買い手が集まる場合とがある。またネット通販とは異なって、買い手の購入量がきわめて多い場合は買い手が単独、売り手が複数でN対1の取引となる場合がある。大手自動車メーカーが自社サイトで、多数の部品メーカーや鉄鋼

4　インターネット、VAN、専用回線といったオンライン・ネットワークへの接続方法に着目して分類することもできる。

5　英語でtoと2の発音が同じであることから、前者をB2B、後者をB2Cと表示することもある。また本書では後者をネット通販と表示している。

メーカーから部品や原材料を調達する場合がこれにあたる。さらに特定の売り手との取引が多い場合は、売り手と買い手がともに単独となる1対1の電子市場が開設される場合もある。

▶ 電子商取引に関する資料一覧

　電子商取引に関する資料にはさまざまなものがあるが、国内の資料としては調査対象が多く毎年継続的に行われているという点で政府の各種報告書の信頼性が高い。前述した経済産業省の「電子商取引に関する市場調査」は企業対消費者取引と企業間取引に大きく二分したうえで、それぞれの市場規模を大まかな商品分野別に毎年継続的に算出しているほか、越境取引や消費者間取引のようなトピックスに応じた調査も行っており、網羅性が高い。総務省の「通信利用動向調査」は毎年調査項目が若干変化しているものの、企業、個人世帯に分けてインターネットなどICT（Information Communication Technology：情報通信技術）の利用状況を継続的に調査している。この調査結果の一部は、同じく総務省の「情報通信白書」にも掲載されている。電子商取引は技術革新や企業活動の変化が早いために、トラブルが生じた場合にその法制度が明確でない場合がある。それを明らかにしたものが経済産業省が逐次更新する「電子商取引の準則」である。

　電子商取引分野では技術革新やビジネス展開が早いので、政策立案のための研究会が経済産業省や総務省、公正取引委員会などに多く設置されており、その報告書も参考になるものが多い。また独立行政法人情報処理推進機構は小冊子『情報セキュリティ読本』を定期的に改訂しているほか、ウェブサイトで各種調査報告書に加えて「映像で知る情報セキュリティ」と題して動画コンテンツも公表している。

　民間団体の公表物にも継続性という点で信頼性が高いものもある。インターネット協会が著す『インターネット白書』は書籍のほか、アーカイブはインターネット上でも公開されており利便性が高い。また特定領域の白書には、デジタルコンテンツ協会『デジタルコンテンツ白書』、情報処理推進機構

『情報セキュリティ白書』、電通メディアイノベーションラボ『情報メディア白書』があり、それぞれ当該分野の情報を調べるのに役立つ。

3. eビジネスの概要

▶ eビジネスとはなにか

　本書のもう一つのテーマはeビジネスであるが、eビジネスとは何を指すものであろうか。eビジネスはIBMが1996年に提唱した概念である[6]。eビジネスは、そもそもelectronic business（電子ビジネス）の略称であるが、その定義は、電子商取引のそれと比較してもより多義的である。本書ではeビジネスとは、コンピュータ・ネットワーク・システムを利用した企業活動とする。すなわち、電子商取引は売買契約すなわち受発注を中心とするが、eビジネスは電子商取引を含む、より包括的な企業活動をさす概念である。たとえばインターネットと接続することで運転の安全性を高めるコネクティッドカーや、第5世代高速移動通信を利用した自動運転、仮想通貨やクラウドファンディングといったフィンテック（FinTech）、人工知能（Artificial Intelligence：AI）を活用した各種インターネットビジネスもeビジネスに含まれる。

▶ インターネットとその他の接続方法

　今日ではインターネットはIT（Information Technology：情報技術）やICTに欠かせない存在であり、私たちの生活にも欠かせない存在となっている。しかし、ふだん何気なく使っているインターネットとは、一体どういうものなのだろう。自宅のパソコンからさまざまなホームページにどのようにアクセスしているのだろうか。

　インターネットとは、多数のコンピュータ・ネットワークをある通信手順を用いてオンラインで結んだ世界規模のネットワークである。これは、特定

6　ルイス・ガースナー（2002）はeビジネスという言葉が生まれた背景やその概念を詳述している。

の端末の間だけを専用回線で結んだような閉ざされたものではなく、図表序-1のように、サーバという世界中の無数の端末が、ルータという中継機器によって相互に結びつくことのできる開放的なネットワークである。そして私たちは、ネットワーク上でクライアントとよばれるパソコンやスマートフォンなどの端末を、インターネットサービスプロバイダ（Internet Service Provider：ISP）という接続事業者のサーバとつなぐことで世界中のウェブサイトにアクセスすることができるのである。

　一般的にいって、複数の端末の間でデータの交換を行うためには一定の通信規約を定める必要があり、これをプロトコルという。とくにインターネットでは、ネットワークに接続しているすべての端末がデータを送受信するために、共通の規約に従うことが必要となる。そのための世界共通のプロトコルが TCP/IP（Transmission Control Protocol/Internet Protocol：伝送制御プロトコル／インターネット・プロトコル）である。TCP/IP では、個々のサーバやクライアントに固有のアドレスが与えられる。これを IP（Internet Protocol）アドレスといい、4つの数字を xx. xx. xxx. xxx のようにドットでつなぐことで各端末が特定される。この数字の羅列が分かれば、ウェブサイトを閲覧したり電子メールを送受信することが可能となるのだが、無意味な数字の羅列を憶

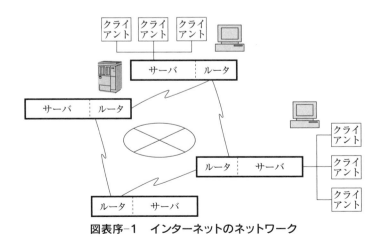

図表序-1　インターネットのネットワーク

えることは難しい。そこで人間が認識しやすいように、ドメイン・ネーム・システム（Domain Name System：DNS）というシステムを設けて、IPアドレスをドメイン名というアルファベットなどの文字列に変換している。

　私たちは、このドメイン名に基づいてインターネットを利用している。すなわち、電子メールのアドレスであればドメイン名の前にそのメールサーバが管理している個々のユーザー名を付け加え、たとえば maruyama@seinan.ac.jp のようなユーザー名@ドメイン名の形にしている。またウェブサイトであれば http://www.seinan.ac.jp/faculty/commerce/ のように URL（Uniform Resource Locator）といわれる http:// ドメイン名 / ディレクトリ名 / ファイル名の形にしている。

　クライアント端末のサーバとの接続方法は、インターネットが実用化された初期段階では電話回線によるダイヤルアップが中心であったが、その後ADSL（Asymmetric Digital Subscriber Line：非対称デジタル加入者回線）や光ファイバ（FTTH：Fiber To The Home）回線が増えて通信速度が高速化した[7]。これによってインターネットに常時接続することや、大量のデータや高品質の画像を交換することが容易になった。一方でインターネットの利用に際してISPに支払う費用は、数千円程度の定額料金ですむことが多い。電話回線によるダイヤルアップでは、これに加えてアクセスポイントというサーバと接続するための近距離電話料金がかかるが、いずれにしても高額ではない。それでは、なぜインターネットはこのような比較的低額で利用することができるのだろうか。

　その理由の一つは、データの送受信に回線交換ではなく、パケット交換という方法を用いていることにある。回線交換とは通常の電話回線のように、データを送受信する際に、自分と相手の端末とを直接接続することで専用の通信回路を確保するものである。この場合、通信回路を常に専属的に使用することになるから多額の費用が必要となる。

7　International Telecommunication Union（2006）は、日本の2006年4月時点でのブロードバンド接続料金は月額約31ドルで、世界で最も安価であるとの調査結果を載せている。

一方、インターネットで用いられているパケット交換は、データをパケットという単位に細かく分割して、パケットごとにネットワークのいずれかの中継地点を経由して送受信するものである。そのため相手方との接続の際にどの中間局を使うかは分からないが、通信回路を一時的に使用するコストだけ負担すればよいので低額の費用ですむことになる。ただしこのためパケット交換は、セキュリティには弱いという短所もある。

　インターネットがセキュリティに弱いという短所を嫌う企業の中には、インターネットの技術を用いたうえで第三者がネットワークに侵入できないように、アクセスを制限するパスワードやファイアウォールを設けて、企業内でのイントラネット、取引先との間でのエクストラネットを構築しているところもある。前者は社内でのみアクセス可能な LAN（Local Area Network）、後者は特定の企業間でのみアクセス可能な WAN（Wide Area Network）とよばれる。

　しかし企業間では、インターネットが普及する前からオンライン・ネットワークが存在している。

　一つは専用回線による方法である。これは回線交換のように特定の当事者間を結ぶものであり、セキュリティ面の安全性は高いが、高額な費用を要するという欠点がある。

　もう一つの方法は、VAN（Value Added Network：付加価値通信網）回線である。これは公衆電話通信業者の回線を利用して、顧客のニーズに応じて各種情報処理サービスを提供するものである。VAN は、ネットワークごとに通信規約が異なるので複数の VAN の間で相互接続ができないという短所はあるものの、専用回線による場合と同様にセキュリティに優れている点に加え、複数のユーザーを顧客とするので専用回線よりも１ユーザーあたりの費用が安い点、多数の参加者の間で情報を交換できる点などで長所が多い。VANはインターネットに比べると費用がかかるという欠点はあるものの、個人でも利用することが可能である。今日では個人のネットワークへの接続方法はインターネットが一般的だが、インターネットの普及前はパソコン通信とい

うVANを利用していた。パソコン通信は会員制の閉鎖的なネットワークであり、他のネットワークとの相互接続がなされていなかったこと、通信速度やパソコン、ソフトウェアの性能の制約で文字情報が中心であったことから普及率は高くなかった。

　一般的には、専用回線やVANによる接続は、インターネットよりも高額であるため比較的大規模の企業間での情報交換や電子商取引に利用されることが多い。

▶ eビジネスの進展で生じうる変化

　1章からの本題に入る前に、序章のまとめとして、これからeビジネスの進展でわれわれの周りに生じうる変化の一例として、①ネット通販市場の拡大による大型小売店舗の閉鎖が相次ぐおそれ、②キャッシュレス決済比率の急増、③ネット通販市場における寡占化と小規模分散の二極化を指摘する。

　第一に、ネット通販市場の拡大による大型小売店舗の閉鎖の増加が生じる理由は以下のとおりである。経済産業省の商業統計によれば、国内小売業の店舗数は1985年以降一貫して減少しているが、その多くは小規模小売店舗であった。しかし大手小売業の閉店は近年、都市近郊部のニュータウンで住民の高齢化により増加しつつある[8]。

　ところで経済産業省が毎年公表している「企業活動基本調査」は国内業種別の業績を集計しているが、「平成30年企業活動基本調査」によると、小売業の売上高に対する総利益率、販売費および一般管理費（以下、販管費）率、営業利益率、経常利益率はそれぞれ28.28％、25.51％、2.77％、3.00％である。

　人口縮小と高齢化の進む日本では小売販売額の増加は見込みづらく、ネット通販市場が拡大した場合は店舗販売の売上高が減少することになる。そこで以下の仮定を置く。店舗小売業の売上高が10％減少する。そのとき売上

8　経済産業省（2010）「地域生活インフラを支える流通のあり方研究会報告書」は、流通機能や交通網の弱体化とともに、食料品等の日常の買い物が困難な状況に置かれている買い物弱者が、高齢者が多く暮らす過疎地や高度成長期に建てられた大規模団地等で増加していると指摘している。

原価も 10％減少する[9]。販管費や営業外損益は売上高との連動性が低いので変化させない。売上原価が売上高の増減に連動する変動費であるのに対して、販管費の多くが売上高との連動性の少ない固定費だからである。このとき平成 30 年調査結果の各売上高比率は、総利益率は変化せず 28.28％、販管費率は 28.34％に増加、営業利益率は－0.06％、経常利益率は 0.19％となる。つまり国内小売業は売上高に対する固定費比率が高いために、売上高の 10％の減少で赤字経営に転落するおそれが高く、こうした状況を続けることを避けるために、企業は販管費の削減を行わざるを得ない。そこで店舗を削減することで不動産賃料や人件費の削減を行うことになるだろう。

　ネット通販市場は拡大しても、消費者が店舗販売での購入をしなくなることや急減することは考えにくい。しかし、経済成長の高い伸びが見込めず人口縮小が続くとすれば、消費支出が増加することは難しいので、ネット通販市場の拡大により、店舗小売業は経営維持のために店舗閉鎖をして縮小均衡を図らざるを得ないのである。

　第二に、キャッシュレス決済比率が急増する理由は以下のとおりである。日本政府が近年キャッシュレス決済比率の向上を打ち出している。これは韓国や中国などキャッシュレス化が進んでいる国での決済比率が 50〜80％に達していることと比較して、日本の同比率が 2015 年現在で 20％台と低迷していることにある[10]。政府がキャッシュレス決済を推進する理由は、キャッシュレス化によって蓄積されるデジタル化した販売履歴というビッグデータの利活用で見込まれるマーケティング活動等の効率化による企業業績の向上や、売上の捕捉率上昇による徴税率の向上、外国人旅行者の購買利便性への対応である。とくに外食産業や小規模小売業など現金決済比率の高い業種では売上の秘匿による脱税が行われることが少なくないため、財政赤字や人口縮小下で税収拡大の必要性が高い政府は、キャッシュレス化推進策を継続す

9　仕入れ高が減少した場合、価格交渉力の減少により仕入れ価格は漸増する可能性があるが、こ
　こではそうした変化は生じないものとする。
10　一般社団法人キャッシュレス推進協議会（2019）「キャッシュレス・ロードマップ　2019」、経
　済産業省商務・サービスグループ消費・流通政策課（2018）「キャッシュレス・ビジョン」参照。

る可能性が高い。

　従来日本で多く用いられていたキャッシュレス決済はポストペイ型のクレジットカードであり、次いで鉄道会社に代表されるプリペイド型の非接触型ICであった。このうちポストペイ型はクレジットカード会社が加盟店に課す利用手数料が高額であり、とくに信用力の劣る加盟店の手数料は高額となるので、零細企業での利用は限定的であった。また非接触型IC決済はプリペイドであるために利用手数料は低額になるが、決済端末の導入コストに10万円程度を要するために加盟店の増加は限定的であった。一方2018年ころより利用が増えているQRコード型のキャッシュレス決済は初期投資と利用手数料がともに少額である点が前二者と比較して優れている。実際にQRコード型キャッシュレス決済では、ソフトバンクグループのペイペイが2018年に100億円還元キャンペーンによってユーザーを急増させた。

　国内の家計消費支出が300兆円、政府目標のとおり2025年にキャッシュレス決済比率が40％に達すると仮定すると、120兆円がキャッシュレス決済市場となる。QRコード決済の加盟店向け手数料が非接触型IC決済と同様の0.5％程度とすると、キャッシュレス決済におけるシェア10％の事業者は年間600億円の決済手数料を得ることになる。3章で述べるが、QR決済は多くのインターネットビジネスや、クレジットカードなどの他の決済ビジネスと同様、ネットワーク外部性により寡占化する可能性が高いので、巨額の販売促進をしても高いシェアを獲得することで、中期的には十分な利益を確保することが可能となる。こうした企業の存在や政府の推進策によって、従来現金決済の多かった消費分野でのキャッシュレス決済比率の急増が予想される。

　第三に、ネット通販市場における寡占化と小規模分散の二極化が生じる理由は以下のとおりである。ネット通販小売市場では、寡占化を進める多くの要因と、寡占化を阻むいくつかの要因が存在する。寡占化を進める要因は、まず店舗販売と異なり商圏の制約を受けないために、単一市場となることである。たとえばコンビニエンスストアであれば売上高対経常利益率や店舗あ

たり売上高のように、国内市場全体ではセブン–イレブンが首位であるが、地域ごとに限れば他チェーンが優位に立つ場合もある。しかしネット通販ではそうした局地戦が生じず、競争の結果、優勝劣敗が店舗販売に比してより一層進むことになる。またネット通販は非対面取引であるために、営業時間や立地、接客、品揃えアイテム数といったサービス面での競争が難しくなるので、結果的に価格競争が激化しやすい。価格競争では仕入れ価格引き下げの交渉を行いやすい大量仕入れをする大企業が有利となる。このことも寡占化を進める要因となる。さらにオンラインゲームや電子書籍のようなデジタル財の取引は、有形財の取引と比較して、システム開発のような固定費を多く要する一方で、取引増加に要する変動費は少額ですむ。したがって大量の取引を行うことが高い収益性を確保するのに有効であることから、これも寡占化を進める要因となる。

　一方で寡占化を阻む、言い換えれば新規参入を促進する要因は、まずサービス競争が限定的であるためにたとえば店舗賃借や販売員の雇用のような販管費を抑制することで低コストでの事業開始が可能となる点である。民泊やフリマアプリのような消費者間取引を促すオンライン・プラットフォームビジネスの躍進も小規模事業や新規参入を促進する。フリマアプリ、ネットオークションのような消費者間のリユース取引、民泊やカーシェアのようなシェアリングエコノミーがその一例である。ネット通販やブログでの広告掲載、アプリやスタンプ販売のように副業のような視点での事業開始も容易になっている[11]。また物販すなわち有形財の販売では、デジタル財の取引と異なり、その収益性は研究開発など初期投資的な固定費よりも売上原価の影響が高くなるので、小規模事業での参入可能性が高まる。労働力提供のクラウドソーシング、資金調達のクラウドファンディングもスモールビジネスの増加を促進する。

　これらの要因から、ネット通販市場では小売業の寡占化が進みやすいが、

11　事業継続は広告支出や安定的な低価格での商品仕入れといった点で容易とは限らない。

新規参入圧力も高い。たとえば寡占化の進行を背景に、一部ネット通販小売企業が販売価格の引き上げをした場合、小規模事業者も含めた新規事業者が低価格販売で断続的に参入する可能性が高い。

1 章
企業対消費者電子商取引の概要

1. ネット通販市場の概要

▶ 消費者のインターネットの利用状況

　消費者のインターネットやネット通販の利用状況は、総務省が行っている通信利用動向調査で確認することができる[1]。総務省（2018）によると、2002年末以降、おおむね8割を超える世帯でインターネットが利用され、利用者属性も世代・性別・居住地域を問わず広がっている。接続に用いる端末のうちスマートフォンとパソコンはともに利用率が約8割に達し、接続回線も光回線や携帯電話回線、ケーブルテレビ回線といった高速のブロードバンドが9割程度を占めている。つまりインターネットの利用はパソコン、携帯電話経由を問わず一般化し、高速接続が普及しているということができる。

　また2015年末の調査では、過去1年間に商品・サービス・デジタルコンテンツを購入・取引した人は、15歳以上のインターネット利用者のうち、54.4％である[2]。つまりネット通販の未利用者がインターネット利用者の半数近くいるわけであり、ネット通販の利用率には拡大の余地があるということができる。

　ネット通販の未利用者が回答した、利用しない理由は図表1-1のとおり

---

[1] 同様の調査を継続的に掲載しているものにインターネット協会監修『インターネット白書』がある。

[2] 調査項目の変更により、総務省（2016）が最新の調査結果となる。後述の図表1-1、1-2も総務省（2012）が最新の調査結果となる。

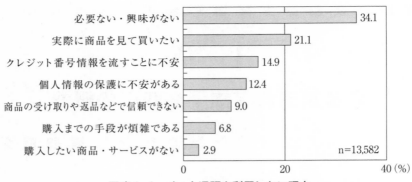

図表1-1　ネット通販を利用しない理由

出所：総務省（2012）に基づき筆者作成

である。最も多い回答である「必要ない・興味がない」や「実際に商品を見て買いたい」は、人口密度の低いアメリカのように19世紀から通信販売が発達した国とは異なり、人口密度の高い日本では全国的に店舗での商品購入が容易であるために通信販売に対する抵抗感が残っているからであると考えられる。また「クレジット番号情報を流すことに不安」「個人情報の保護に不安がある」といったセキュリティに関する不安が利用の阻害要因になっていることは、セキュリティ面について法制度や技術革新といったインフラ整備が必要であることをうかがわせる。それに加えて「商品の受け取りや返品などで信頼できない」といった信頼性については事業者の経営努力が必要となるだろう。

▶ 消費者のネット通販の利用状況

　一方でネット通販の利用者が回答した、利用する理由は図表1-2のとおりである。「店舗の営業時間を気にせず買い物できる」、「店舗までの移動時間・交通費がかからない」というのはいつでもどこでも買い物ができるという非対面取引の長所を積極的に評価していると考えられる。また「さまざまな商品を比較しやすい」、「価格を比較できる」というのはデジタル技術を利

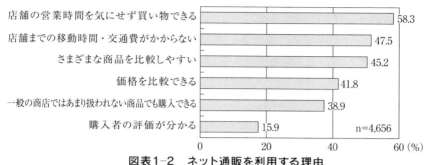

図表1-2　ネット通販を利用する理由

出所：総務省（2012）に基づき筆者作成

用したネット通販ならではの利点である。「一般の商店ではあまり扱われない商品でも購入できる」というのも品揃えを豊富にしてもビジネスが成り立ちやすいネット通販ならではの長所である。

　なおネット通販利用者が回答した購入時の決済方法は、総務省（2018）によると「クレジットカード」が約6割と最も多く、「コンビニエンスストアでの支払い」「商品配達時の代金引換」「銀行等の窓口やATMでの支払い」が約2〜3割で続く。「インターネットバンキング・モバイルバンキング」「通信料金・プロバイダ利用料金への上乗せ」「電子マネーによる支払い」は低い水準にとどまる。

　クレジットカードは、ネット上でクレジットカード番号を入力すれば決済が完了する利便性が、利用者の多いことの理由であろう。ただしデータ送信時にカード番号が漏洩して悪用されるのではないかといったセキュリティについての疑念が生じやすいことには注意が必要である。代金引換はそのような情報漏洩のおそれの低さや、配達物と引き換えで支払いを行うという安心感、カードの非保有者でも利用可能という利便性が理由であろう。しかし代金引換は追加手数料を要する場合が多く、商品受け取り時に在宅の必要があるという欠点もある。コンビニエンスストアでの支払い、銀行等の窓口やATM（Automated Teller Machine：現金自動預け払い機）での支払いは、カード

番号のネット送信が不要というセキュリティ面の長所があるが、銀行やコンビニエンスストアに行く必要があり、ネット上で支払いが完結しない点が不便である。またネットバンキングや通信料金・プロバイダ料金への上乗せ、電子マネーもセキュリティ面での安全性が高く、ネット上で支払いが完結するという点で利便性も高いが、これらを利用している個人消費者や対応可能なサイトが少ないため、現状では浸透しているとはいえない。このような代金決済や商品の受け渡しに関する問題は3章で考察する。

▶ ネット通販で多く扱われる商品

　総務省（2016）では、ネット通販利用者が過去1年以内に1度でも購入した物品・サービスについて、複数回答によって集計している。この調査によると、購入者の割合の高い順に商品・サービスでは、日用雑貨（食料品、衣料品、化粧品、文房具など）（55.6％）、趣味関連品（アクセサリー、楽器、スポーツ用品、玩具、自動車用品など）（41.8％）、書籍・CD・DVD・ブルーレイディスク（電子書籍などデジタル配信されるものを除く）（39.1％）、各種チケット・金券（交通機関、ホテル・旅館、コンサート等のチケット予約及び購入）（35.9％）となっている。またデジタルコンテンツでは、音楽（着信メロディなども含む）（24.2％）、ソフトウェア（ゲームも含む）（14.3％）、地図・交通情報提供サービス（11.2％）となっている。

　ネット通販で扱われる品目を、売り手である企業の販売金額から調査したものが図表1-3に示した経済産業省（2019）である[3]。経済産業省の調査は売り手の販売結果をベースとしているから、購入者を対象にした調査である総務省調査とは結果が相違していることには注意が必要である。

　ネット通販での販売額の大きさは、その業種の市場規模で左右されることになるから、その多寡を比較することの実益は少ない。むしろ重要な指標は、ネット通販経由の販売額が店舗販売などその他の販売も含めた市場全体に対

3　経済産業省による同種の調査は1999年より行われているが、2005年度以降調査方法が大幅に変更された。経済産業省（2019）では電子商取引化率は有形財すなわち物販系分野のみ示され、サービスやデジタルコンテンツについては明らかにしていないので、図表1-3には物販系分野の数値のみを示している。

図表 1-3　ネット通販市場の業種別内訳

業種	ネット通販市場規模（億円）	電子商取引化率（%）
事務用品、文房具	2,203	40.79
生活家電、AV 機器、PC・周辺機器等	16,467	32.28
書籍、映像・音楽ソフト	12,070	30.80
生活雑貨、家具、インテリア	16,083	22.51
衣類・服装雑貨等	17,728	12.96
化粧品、医薬品	6,136	5.80
自動車、自動二輪車、パーツ等	2,348	2.76
食品、飲料、酒類	16,919	2.64
その他	3,038	0.85
合計	92,992	6.22

出所：経済産業省（2019）に基づき筆者作成

して占める割合のことをいう、電子商取引化率である。これによると事務用品、文房具や、生活家電、AV 機器、PC 周辺機器等の業種の電子商取引化率が高いことが分かる。

▶ 販売品目①：物品（有形財）

　ネット通販で売買される財は多岐にわたるが、これらは形のある物品と形のないサービスやデジタルコンテンツ（以下、両者をあわせて商品という）とに分けることができる。

　書籍・CD、DVD は、消費者の購入経験が多い商品分野であるが、これらは衣料品や生鮮食品と異なり、商品名や型番から商品が特定でき、実物を確認する必要性が比較的低いため、ネット通販に適しているといえよう。また市場に流通するアイテム数がとても多く、顧客ごとに必要なものが大きく異なるという特徴がある。そのため店舗販売ではこうした多様なニーズを満たすだけの幅広い品揃えをすることは困難であるし、豊富な品揃えが可能だとしても、商品を探し出すことに労力を要するという問題も生じかねない。

とくに書籍は、ネット通販市場拡大のリーダー的存在であるアマゾンの主要取扱品目であること、書名や著者名でのキーワード検索や出版年月順の表示などネット上の商品検索に適しており、目次やはしがき等書籍の内容を一部確認できる場合もあること、日本では再販売価格維持制度（再販制度）によってどこで購入しても同一価格であることから、利便性に優れたオンライン書店は今後も売上高の拡大が続くと考えられる。

　パソコン関連商品も、パソコンやソフトウェアなど名称や型番が分かれば内容を確定できる点で上記の書籍等と同様の特徴を有する。また同一商品や同等スペック間での価格比較が簡便となる点でもネット通販に適した商品である。パソコン本体は部品の組合せで構成されているから、顧客の指定した仕様でスペックを組み合わせて受注生産をすることが可能である。なお、パソコン関連商品の多くは数年間の使用に耐えるために購入頻度が低いので、総務省調査によると購入経験者は多くないが、図表1-3の電子商取引化率が高いことからネット通販での販売は活発であると考えられる[4]。

　衣料品・アクセサリー類は、上記の商品群と異なりサイズや色合い風合いなど現物を確認する必要性が高いことから、ネット通販に適さない商品であるようにも考えられる。しかし、通信速度の高速化とともに画像掲載が増えたうえ、リピーターであればこれらのことはあまり問題にならないし、Tシャツや帽子のようなカジュアル衣料の場合も商品単価が低く問題が少ないだろう。経済産業省調査では同分野の電子商取引化率がさほど高くないことからも品種や価格帯に応じた消費者の購入先の使い分けが推測される。

　趣味関連品・雑貨は、特定の顧客層がこだわりをもって購入する専門品であり、商品選択自体も楽しみになるカテゴリーであるから、店舗販売のほうが適しているようにも思える。しかし誰もが日常的に購入するわけではないために商圏が広くなり店舗数が少ないこと、商品バラエティに富むので身近で気に入った商品の探索が容易でなく、ネットのほうが多数のサイトから幅

---

[4]　経済産業省（2010a）では、2009年3月末における家電・パソコン関連製品のネット通販での年間販売額を3230億円と算出しており、ネット通販市場全体に占める割合は10.3％と高い。

広く商品を探索できること、共通の関心をもった買い手同士や売り手とのコミュニケーションを図れることから、ネット通販が比較的よく利用されている。

　食料品は、購入経験者が比較的多いが、食料品小売業の電子商取引化率は低く、スーパーマーケットなど店舗販売と比べれば、ネット通販で購入する割合は高いとはいえない。この理由としては、食品は購買頻度の高い最寄品であり、購入日や翌日など短期間で消費する商品が多いこと、加工食品は小売店間の競争から特売が多くネット通販での購入は割高になりうることから、消費者は近隣の店舗を利用するほうが合理的だからであると考えられる。しかし近年は西友やイトーヨーカドーなど既存のスーパーマーケットによるネットスーパーが増えて店舗と同じ商品を購入でき、とくに共稼ぎ世帯や高齢者のような頻繁な買い物が容易でない家庭にとっては利便性が増している。また日本酒や各種名産品、お取り寄せグルメのような地場の中小メーカーによる直接販売は、アイテム数が膨大で今まで購入の機会が少なかった商品の入手を容易にする。こうした点で食料品のネット通販も、今後の市場拡大が見込まれるだろう[5]。

　医薬品や化粧品は、総務省調査では購入経験者の割合が明らかではないが、経済産業省調査では電子商取引化率が5％程度である[6]。これらの商品はその特性上、価格よりも品質が重視されるとともに、顧客が商品を気に入ればリピーターとして固定化しやすいカテゴリーであると考えられる。したがって売り手と買い手のコミュニケーションが重要となるから、店舗販売でもスーパーマーケットのようなセルフ販売だけでなく販売員による接客販売が活発に行われ、訪問販売も行われてきた。たとえば化粧品は、肌に直接つけるものであるうえに商品の特徴や成分が外見上は明白ではないため、接客販売による情報伝達が顧客獲得に効果的な商品である。しかし、インターネットで

5　消費者庁はこうした動向を見越して、2016年に「食品のインターネット販売における情報提供の在り方懇談会報告書」で食品のネット通販での掲載内容について指針を示した。
6　大半の医薬品についてネット通販を含む通信販売を禁止した厚生労働省の規定が2013年の最高裁判決で無効とされた結果、一般用医薬品のネット通販が広く認められることとなった。

も顧客に対面での商品説明こそできないものの、電子メールによるやり取りや、ウェブサイト上での詳細な商品紹介、掲示板を利用したクチコミなどを通じればコミュニケーションは十分可能なので、化粧品小売業の中にはネット活用に積極的に取り組んでいる企業も見られる。もっとも、大手メーカーは既存の流通チャネルとの衝突を避けるために商品説明などでの活用を主体としつつ、ネット上での販売に必ずしも積極的とはいえない。一方で中小メーカーはインターネットを低コストで利用可能な新たな販売チャネルとしてとらえ、ネット通販に積極的なところが多い。

▶ 販売品目②：サービスやデジタルコンテンツ（無形財）

　サービスやデジタルコンテンツは、形のあるモノと異なり、取引後の財の受け渡しがネット上で完結しうるので、ネット通販により適していると考えられる。たとえばパソコンソフトは、オンライン上でダウンロードすれば購入後の商品配達を不要とすることができるのでネット通販に適したカテゴリーである。

　デジタルコンテンツには、パソコンソフト、電子書籍、音楽・映像などインターネット上でダウンロードできるデジタルソフト、ニュース配信やメールマガジンといった文字サービス、着信メロディや待ち受け画面、ゲームなどが含まれる。これらの多くで携帯端末に適したコンテンツが開発されているので、パソコンだけでなくスマートフォンを通じた利用が多い。こうした有料コンテンツをインターネットサービスプロバイダや電話会社が提供している場合、利用者が接続料金とあわせて支払いをすることが可能なので、利便性も高くなる。ところでデジタルソフトは物流が発生しない点でネット通販に適しているが、品質に関する問題が発生するおそれは高い。なぜなら物品の場合はあらかじめ写真を見たり、場合によっては近所の小売店で商品を確認したりすることができるが、デジタルコンテンツの多くは内容を事前に確認する手段がなく、実際に希望のものが入手できるのかは分からないからである。

そのため使用期間などに一定の制限を設けることで試用を促すシェアウェアや、アドビ社の Acrobat Reader のように、一部機能に限定したものを無料で提供する一方でフルサービスの製品を有償で販売する、いわばお試しのサンプリングのようなものもある。このような無料ビジネスの特徴については2章で検討する。

　サービス財のうち金融取引は、既存の銀行・証券・保険といった大手金融企業がインターネット上での取引も展開している場合と、楽天銀行やソニー銀行といったネット専業銀行、マネックス証券などのネット専業証券が新規参入している場合とに分けることができる。こうした新規参入企業はネット上の仮想店舗しかもたず低コスト運営が可能となるから、高い預金金利や低い取扱い手数料を売り物にしている。またサービス内容が比較的単純な銀行振込みや株式売買だけでなく、商品内容が複雑な生命保険でもネット通販がはじまっている。もっとも、金融商品の中でも資産運用の多くは専門的知識が必要となり詳細な説明が必要となること、金融資産の保有はインターネット取引に慎重な高齢者層に多いことから、資産運用商品のネット通販はあまり進んでいない。一方でネット銀行は、決済サービスを提供しているという点で、ネット通販における資金流のインフラとしても重要な存在である。

　各種チケット・クーポンは、交通機関やコンサートのチケットが含まれる。こうしたサービスは、配送せずにパソコン上でのダウンロードや電子メールのやり取りで取引を完結させることが可能であるからネット通販に適している。たとえばコンサートや映画のチケットは、受付番号を画面表示や電子メールで伝えれば、チケット自体を配送せずに当日現地で引き換えにすることで十分である。同様のことは航空券やレンタカーなどの交通手段やホテルの予約にもあてはまるが、とくに航空会社では、航空券を利用者に直接販売することで、旅行代理店に支払っていた手数料を免れようとする中間流通業者の排除が進みつつある。

　旅行関係では旅行代理店のパック旅行のほか、ホテルの宿泊予約も進んでいる。ただしサービス提供企業が限られる交通機関と異なり、宿泊施設の予

約では各施設による直接販売よりも、ネット旅行代理店とでもいうべき予約サイトが発達している。たとえば宿泊施設の予約サービスを提供している「楽天トラベル」は、会員登録をした顧客に対して、日程・価格や地域による検索、割引料金での宿泊予約、地図や観光情報、ユーザーコメントという利用者の投稿によるクチコミ情報などのサービスを提供している。これは消費者にとっては、個々の宿泊施設のウェブサイトを閲覧することなく、一つのサイトだけで予約が完結するという利便性が強みとなっている。またホテル側にとっても従来の旅行代理店が仲介する場合と比較して、支払う仲介手数料が低額となるメリットもある。

　以上をまとめるとネット通販に適した商品として、以下の特徴を指摘することができる。一つは、ネット通販は商品の実物を確認できないので、品名や型番でただ一つに確定する定型的な商品が適している。もう一つは、形のある物品では購入後商品が後日配送されるので、インターネット上で受け渡しが完結するサービスやデジタルコンテンツが適しているということである。ただし複数の売り手が同一商品を販売する場合、企業間での差別化が容易でなくなるから、価格競争が激化しやすくなるという問題は残される。

　また上記の特徴を満たさない商品でも、売り方を工夫することでビジネスとして十分成り立つ可能性がある。その一つは、ウェブサイトの内容を充実させたり品揃えを充実させたりすることで、こだわりをもった顧客層を集めることである。このことは単純な価格競争を回避する点でも有効である。もう一つはリピーターを獲得することである。生鮮食品や衣料品、化粧品や医薬品は、現物を確認せず、あるいは売り手との対面でのコミュニケーションを経ずに購入することをためらいやすいが、一度購入して安心すればリピーターになりやすい。その点で店舗販売を行う企業がネット通販も手掛けることは有利であろうし、はじめに無料サンプルを送ったりお試し用の低価格で販売したりすることで買い手の不安を取り除くことの効果は高い。

2. ネット通販の分類

▶ ネット専業かクリック＆モルタルか

　ネット通販の事業者はその販売形態によって以下のように分類できる。

　一つは、インターネット上のみで販売を行い、実際の店舗は構えないネット専門の小売業である。ネット専業では、商業地への出店では事業開始時に必要となる賃借料や建築費、販売員の雇用といった多額の費用の多くが不要であり、ウェブサイトを開いて商品を調達すればネット上での販売が可能となるので、比較的少ない資金で開業することができる。そのため参入が容易であるから、新規参入による出店数は多くなる。

　しかし、多数の競合サイトの中から自社を選択してもらうためには、積極的な広告や幅広い品揃えを行うなど何らかのアピールをしていく必要がある。また顧客の信頼を得て継続的に利用してもらうためには、迅速で正確な配送を可能にする物流システムの整備や、情報漏洩を防止するセキュリティ対策を行う必要もある。したがって、参入自体は容易であるとしても事業を維持するには多額の追加的費用が必要になるので、事業継続は容易ではない。

　もう一つは、既存の小売業がネット通販にも参入する場合である。このような運営形態は、現実の店舗（モルタル）と仮想の店舗（クリック）とを展開することからクリック＆モルタルという。この長所は、従来から店舗を構えている事業者がネット通販に参入した場合は、比較的顧客の信頼を獲得しやすい点や、店舗で確認した商品を後日ネットで注文できたり、配送をしてもらえたりする点にある。図表1-1で見たようにネット通販における事業者への信頼性の確保は大きな問題であるから、ネット専業形態と異なって実際に店舗を構えていることは実物を確認できることも含め多くの点で有利である。同様の理由から、カタログ通販で顧客の信頼を得ている企業がネット通販に参入する例も多い。いずれにしても既存小売業のネット通販への参入は顧客の信頼を得やすい点、既存の流通チャネルや物流システムを利用できれ

ば効率的である点が長所となる。

　しかし、店舗販売では立地の利便性や内装の豪華さ、優れた接客といったサービス面が顧客に支持されていた場合、ネット通販ではこうしたポイントをアピールする余地が少なく、結果として他の事業者との単純な価格競争に巻き込まれるおそれがある。高級ブランドの多くがウェブサイト上でブランドコンセプトのアピールや商品紹介をしていても販売は行わないのは、このことが理由になっているのであろう。また店舗やカタログといった従来の販売チャネルと顧客が重なって共食い（カニバリゼーション）状態になるばかりで、新たな顧客層を開拓できないおそれもある。

　さらに、生産者がネット通販を機に小売業に新規参入する場合がある。今日の商品流通は生産者と消費者の間に流通業者が介在する間接流通が一般的だが、直接流通を行うものである。これは既存の企業がネット通販にも参入するという点ではクリック＆モルタルと共通するが、生産者が今まで手がけていなかった小売業に参入するという点が特徴である。ネット通販では消費者は商圏の制約を受けずに購入先を探索できるし、生産者にとってもウェブサイトを介せば多数の消費者との間の接点を容易に築くことができ、宅配サービスを活用すれば商品の配送も容易である。したがって、これまでの流通システムのように多数の生産者と消費者を仲介する専門の流通業者が存在しなくても、生産者から消費者への直接流通が容易になるはずである。しかし現実にはネット通販が成長しても直接流通が一般化しているわけではない。この点については2章で検討する。

▶ 自社サイトかモール型サイトか

　企業がインターネット上に開設している仮想店舗の多くは、自社のウェブサイト上で多数の個人消費者をターゲットにする1対N型の販売形態をとっている。ウェブサイトを開設して商品を販売すること自体は低コストで可能であるから、インターネットは売り手にとって参入が容易な販売チャネルであるといってよい。しかし無数のウェブサイトが広がるインターネットで

は、買い手を自社サイトに誘導すること自体が難しい。買い手にとっても、インターネット上に仮想店舗があふれているから、どのサイトに自分の欲しいものがあって、最も安く販売しているのか調べることは手間がかかり、買いたい商品をどのように探せばよいか分からないという問題が生じてしまう。そこで商品購入の利便性を高めるために、多数の販売事業者を一か所のウェブサイトに集めることで多数の集客を図る N 対 N 型のモール型サイトが存在する[7]。これは以下のように分類することができる。

　第一がネットショッピングモール（以下、ネットモール）である。ネットモールとは、モール運営企業がネットワーク上に店舗の集積するショッピングセンターのような仮想市場を立ち上げて、販売事業者の出店を募るものであり、楽天市場やヤフーショッピングがこれにあたる。多数の売り手、商品が掲載されるので検索システムが充実しており、価格順や人気順など表示をある程度カスタマイズできる場合が多い。また単一価格での販売だけでなく、購入希望者の数が増えるほど価格が下がる、ギャザリングとか共同購入といわれる方式を提供するサイトもある。多数の売り手が集まるネットモールは、買い手にとっても商品探索や店舗間比較が容易で、一つの ID とパスワードで多くの買い物をすませられる利便性がある。そのため一層多くの販売事業者が集まり、ネットモールの一部に売上が集中する上位集中化が見られる[8]。

　第二が価格比較サイトである。これは運営企業が設けたウェブサイトに多数の商品が掲載され、その商品を販売する複数の販売事業者の価格情報が掲載されるものであり、価格 .com がこれにあたる。価格比較サイトは、サイト上で商品を販売するものもあるが、価格情報を提供するものの必ずしもそこで商品を販売するわけではないものもある。

　第三がクチコミサイトである。これは運営企業が設けたウェブサイトにサイト利用者がさまざまな商品や企業についての書き込みをするものであり、

7　オンライン・プラットフォームの一形態であるが、これについては7章で検討する。
8　公正取引委員会（2006）では、大手ネットモールが出店事業者に対して強い交渉力をもっているという観点から独占禁止法上の問題を指摘している。

化粧品クチコミの@コスメや、レストランのクチコミの食べログがこれにあたる。クチコミサイトは販売サイトへのリンクがある場合や、サイト上に広告が掲載される場合はあるが、基本的に特定の販売事業者に偏らず、消費者が多数の商品について感想や意見を掲載することをアピールしている。したがって企業が自ら情報を掲載するのではなく、いわば勝手に掲載される場合もあるが、そこで人気を得た個々の商品や企業全体の売上が急増することも少なくない。なお価格比較サイトやクチコミサイトはインターネット上で取引が完結せず、情報提供にとどまるものが多く、その場合は本書でいう電子商取引にはあたらない。

　第四がネットオークションやフリマアプリであり、日本ではヤフーオークションやメルカリ、アメリカでは eBay（イーベイ）がその大手である。インターネット上では、入札価格など情報の更新が容易なこと、多数のアクセスが期待できるので意外なものにも売り手がつくことから、オークションが活発に行われている。ネットオークションには、法が禁止するものなどの例外を除けばなんでも出品することができるし、行政機関が税金の滞納により差し押さえた公有財産を出品することもある。なおネットオークションは消費者間の売買であるとして、消費者間（C to C：Customer to Customer）電子商取引と分類されることもある[9]。しかし、オークション運営サイトは事業者が運営していること、オークションの売り手には個人だけではなく事業者やセミプロも多いことから、本書では企業対消費者取引に含めて考えることとする。

▶ 接続端末はなにか

　インターネットへの接続端末はパソコンや携帯電話、IPTV（Internet Protocol Television）など多様化している。パソコンはネット通販の普及当初より、画面の大きさ、操作性や処理性能の高さからよく利用される端末であ

9　経済産業省（2019）でも企業対消費者取引から除いている。

る。年々、技術革新による高性能化や大量生産による低価格化が進んでおり、パソコンの普及率の上昇や携帯性の向上は、今後もネット通販市場全般の拡大への寄与が期待できる。また処理速度やグラフィック性能などパソコンの高性能化は、とくにオンラインゲームや映像配信市場のような一部のデジタルコンテンツ市場拡大への寄与が期待できる。

　携帯電話は1999年にNTTドコモがiモードを開始してからインターネット接続サービスが普及し、とくに移動通信システムが3G（3rd Generation：第3世代）、4Gと高速化するにつれてネット通販利用も拡大した。2010年代に入りスマートフォンが普及すると、その拡大傾向は一層強まり、インターネット接続端末としての普及率は、総務省（2018）によると2017年よりパソコンを抜いて首位となっている。

　そのほかのインターネット接続端末としてはタブレットの利用率が比較的高い。またテレビやテレビゲーム機、ウェアラブル端末での接続も見られるほか、種々の家庭電化製品がインターネットと接続するIoT（Internet of Things）の進展も見られる[10]。

3.　ネット通販の特徴

▶ 店舗販売など他の販売形態との比較

　以上のように、ネット通販はさまざまな視点から分類できるが、そもそもネット通販は店舗販売など他の取引形態と比較してどのような相違点があるのだろうか。このことはネット通販の特徴を考えるうえでは重要な問題である。

　まず、消費者への販売チャネルは店舗販売と無店舗販売に分けることができる。両者の違いは店舗の有無であり、前者の場合は消費者が店舗を訪れ、対面で取引をすることになる。後者はさらにカタログ通信販売やテレビ通信

10　坂村（2016）が詳述している。

販売、ネット通販などの通信販売と、訪問販売などその他の無店舗販売に分けることができる。

　非対面取引という共通点を有する通信販売の中でも、他の通信販売が郵便や電話という紙や口頭での情報のやり取りとなるのと異なり、ネット通販は情報がデジタルで交換されるという特徴がある。またデジタル情報をオンラインで交換するインターネットは、他の媒体と異なり情報の双方向での交換が容易になるという特徴もある。

　これらをまとめると、ネット通販は店舗販売や訪問販売と異なり、非対面で取引が行われる点、カタログ通信販売など他の通信販売と比較して双方向のコミュニケーションが容易な点が特徴である。ネット通販はこの取引の非対面性と、デジタル情報の双方向性から、さらにいくつかの特徴を有している。

▶ 取引の非対面性

　第一の特徴は、ネット通販は対面で契約をするのではないことである。店舗販売では、購入者は店舗の販売担当者を通じて売買契約を結び、代金決済と引き換えに商品を受領することになる。クレジットカードによる決済の場合でも、商品を後日配送してもらう場合でも、基本的には売り手と買い手が対面で契約するという点では同じである。

　しかしネット通販では相手の顔が見えない状態で売買契約を行うことになる。このことによって消費者には多大の不安が生じる。かんちがいで商品購入の申込みをした場合に取り消すことはできるのか、代金を先払いしたら商品を送ってこないのではないか、品質に問題のある商品を送ってくるのではないか、代金決済時に送信したクレジットカード番号がインターネット上で漏洩するのではないか、といった不安である。この章で見てきたようにクリック＆モルタル型の事業者が顧客の信頼を得やすいのは、こうした不安を完全に払拭することはできないまでも、和らげることができる点にある。一方、売り手の側にも不安がある。これも、買い手はいたずらでの申込みではない

のか、実際に代金を支払ってくれるのかといった不安である。

　第二の特徴は、ネット通販には商圏の制約がないことである。店舗販売では消費者にまず来店してもらわなければならない。ところが来店には時間や交通費がかかるから、それぞれの店舗は商圏の制約を受けることになる。消費者にとっても店舗にとっても、取引相手は地理的な制約の中で探すことになるのである。

　しかしネット通販では消費者は、店舗を訪れる必要がなくパソコンの前にいながらにして買い物をすることができるから、商圏の制約なく日本中あるいは世界中の売り手を対象に商品を探すことができる。売り手にとっても商圏の制約なく広範囲の消費者が買い手になってくれる可能性がある。このことは両者にとって都合がよく思えるが、深刻な問題も生じさせる。インターネットの中の膨大な数の販売サイトから優良な売り手を見つけることは消費者にとって容易ではない。売り手にとっても、店舗販売では商圏ごとに競争相手の数には限りがあるし、商圏という市場ごとにさまざまな人気店舗が生まれる可能性が大きい。しかしネット通販では競争相手の数が膨大になるし、インターネットという単一の市場の中での順位づけが明確になってしまい、ひとたび他企業が高い売上シェアを確保すると、逆転できる余地が少なくなってしまうのである。

　第三の特徴は、ネット通販で提供できるサービスが均質化しやすいことである。たとえば店舗販売ではより広範囲から集客するために、店舗を大型化し品揃えを豊富にすることが多い。もちろん店舗の大型化には物理的な限界があるし、品揃えを常時大幅に入れ替えることも人件費や在庫品の処分が必要となるので容易ではないが、それらをどの水準にするかという意思決定も含めて店舗間での差別化が進みやすい。ところがネット通販では物理的な陳列スペースは不要であるから品揃えも限りなく増やすことが容易となる。ネット通販は品揃えや店舗規模の物理的な制約がないために、この点での事業者間の差別化が難しくなるのである。同様に、店舗販売であれば営業時間や出店場所の利便性、店舗の外観や内装、商品ディスプレイや接客の素晴らし

さなどで差別化することができる[11]。しかしネット通販ではメールでの問い合わせへの迅速な対応や商品画像の鮮明さなどで優劣をつける余地はあるものの店舗販売のそれと比べれば差別化できる要素が少ない。これは企業にとって、サービス競争が激しくならないからコスト負担が少なくてすむという以外に深刻な問題を生じさせる。

　それはネット通販では、サービスという非価格面での均質化が進むために、価格面での差別化につながりやすいということである。企業にとって価格競争は、他社との我慢比べのようなキリのない競争になり、収益を損なうことになりやすいので避けたいことが本音である場合が多い。しかし、価格以外の要素での競争が難しいために、価格競争に突入せざるを得ないことになりやすい。

▶ デジタル情報の双方向性

　Web2.0 ということばがある[12]。これは情報発信が企業やマスメディアだけではなく、個人消費者でも容易になり、消費者による主体的な情報収集を通じて従来は見向きもされなかったような商品への需要が喚起されビジネス機会が増えるといった概念を意味している。これがデジタル情報の双方向性である。

　これに関連するネット通販の第四の特徴は、消費者の情報発信力や情報収集力の向上である。店舗販売など他の取引形態でも消費者による情報発信や情報収集は可能であった。たとえば電話で問い合わせをしたり、アンケートに回答したり、店舗を巡ることでパンフレットの入手や値引き額などの情報収集がそれにあたる。しかしこうした活動は、手間や交通費がかかるから容易ではないし、消費者間での情報伝達も容易ではなかったので、結果的に売

11　Joseph Alba, *et al.*（1997）は、ネット通販を店舗販売と比較して、前者は売り手の設備投資や買い手の商品購入に要するコストが低い一方、後者は配達に要する金銭や時間コストが低く、アミューズメント要素が高いことを指摘している。

12　インターネット関連の用語には、この言葉のように一見専門用語のようであるが、明確な合意や定義のない「バズワード」といわれるものが多く、数年で流行遅れとなるものも少なくない。

り手から一方的に提供されるカタログや広告、売場の表示などから受動的に情報を得ることが中心とならざるを得なかった。しかし、インターネットでは、メーカーのウェブサイトを巡ればパンフレットの入手は容易だし、価格比較サイトを見ればどこで安く買えるかは一目瞭然で、クチコミサイトにアクセスすれば消費者間のコミュニケーションをすることも容易である。

　結果としてインターネット上の膨大な情報のうち何が正しいのかを見極める問題を別とすれば、企業に蓄積されていた情報の多くが消費者に移転されることになり、取引における交渉力や主導権が企業から消費者へと移ることになりやすい。

　第五の特徴はデジタル情報を活用したマーケティング手法の多様化である。顧客とのコミュニケーションは、これまでも郵送のダイレクトメールや電話での問い合わせ窓口、店舗でのアンケートの実施や接客によっても可能であった。

　しかしこれらは郵送費や人件費といったコストがかかるし、蓄積した情報の多くが紙ベースや口頭ベースになる点で活用が容易ではなかった。ところがネット通販では、契約がオンライン上でデジタルデータの交換によって行われるから、多数の情報を低コストで蓄積し、それをデータベース化して一元的に管理し、検索することが容易になる。しかも情報の双方向性によって顧客個々の情報が多く収集され、それも利用可能となる。こうした特徴によって、企業が顧客への個別対応をはじめ種々のマーケティング活動を行うことが容易になっている。

2　章

契約の流れ

1.　ネット通販ならではのビジネスモデル

▶ ネット通販の特徴とビジネスモデル

　事業者にとって、買い手を集め、取引を成立させることは事業を続けていくうえで不可欠である。前章で確認したように非対面取引ゆえに商圏の制約を受けないネット通販では、広い範囲から顧客を獲得できる可能性がある。また店舗への商品陳列の必要がないから品揃えを無限といえるほどに広げることも可能である。近隣の顧客に限定せざるを得ない店舗販売では売れるとは思えないような商品も、ネット通販であれば買い手がつく可能性も増えるかもしれない。取扱商品も形のあるモノだけではなく、パソコンでダウンロードするようなデジタルコンテンツに広げることも容易である。

　一方で、商圏の制約がなく、提供できるサービスが均質化しやすく、低コストでの事業の開始が比較的容易であるため、市場に参入する企業が多く、競争が激化しやすいという問題もある。競争相手の中には悪質な事業者が存在するおそれがあり、こうした事業者の存在によって信頼度が低下し、顧客のネット通販離れを生じさせるおそれもある。

▶ 生産者による直接流通

　ネット通販では、売り手も買い手も所在地にとらわれずに取引相手を探すことができる。これは商圏の制約を受けるために、ある程度近くで取引相手

を探さざるを得ない店舗販売との大きな違いである。そのため、ネット通販では生産者が流通業者を介さずに、消費者に直接販売することも容易になるはずである。しかし家電メーカーや出版社や食品メーカーといった生産者による販売サイトは必ずしも多くない。これはなぜだろうか。

　生産され消費される商品の種類が無数に存在する今日、生産者が消費者に直接商品を販売する直接流通は少なく、生産者と消費者の間に卸売や小売といった流通業者が介在する間接流通が一般的である。中間マージンの分だけ商品が高くなるはずであるにもかかわらず間接流通が普及している理由は、①取引数削減、②情報縮約、③不確実性プールという要因で説明することができる。取引数削減とは、多数の生産者と消費者が個別に売買を行うと取引回数が増えるが、流通業者が複数の生産者の商品を取り揃え、近隣の消費者がそこに行けば一通りの買い物をすませられる状況になれば、トータルで取引回数が減少することをいう。生産者にとっては消費者への小口販売でなく流通業者にまとまった数量で販売できるから効率的であるし、消費者にとっても一か所で競合商品を比べる比較購買や、関連する複数商品を入手できる関連購買ができることは効率的である。次に情報縮約とは、複数の生産者の商品を比較することのできる流通業者であれば、各商品の特徴を消費者のニーズに合わせて的確に伝えることができるし、逆に消費者のニーズを生産者に伝えることができるというものである。また不確実性プールとは、商品の生産時点とそれが実際に消費者に販売される時点ではタイムラグが生じるために、商品在庫が積みあがることが多いが、それを各生産者が行うよりも、流通業者が売上見込みに応じて在庫をした方が、社会全体で見たときに在庫量を減らすことができるというものである。流通が最終的に消費者に販売できるかどうかわからない商品をあらかじめ購入するということは、生産者にとって代金回収が早期に可能になるという点でもメリットがある。

　ネット通販で直接流通を行った場合、宅配事業者の活用によって物流は容易になるとしても、上記の間接流通のメリットすべてを代替することは難しい。さらに大きな問題が、直接流通を行うことによる、既存の流通業者との

関係悪化である[1]。これをチャネルコンフリクトという。流通業者の立場からすれば、生産者が直接流通を行うということは、自らの競争相手になるということである。そのような生産者の商品を積極的に仕入れ、販売しようという意欲は下がってしまうことが自然であろう。とくにスーパーマーケットやドラッグストア、家電量販店など小売業者のバイイングパワー（購買支配力）が増してメーカーサイドから小売サイドへのパワーシフトが生じている消費財分野では、チャネルコンフリクトの問題は、生産者にとって直接流通をためらう大きな要因になっている。

　もっとも、ネット通販では従来と比較して直接流通が増えていることは事実である。その一つの形態が、ネット通販の普及に合わせて事業を開始した場合や、もともと間接流通への依存度が低かった場合であり、パソコンの製造・販売のデルがその一例である。デルは顧客の注文に応じて商品を組み立てる受注生産を行い、それを低価格で販売しているので、注文を迅速に受け付け、流通マージンのかからない直接流通を行うことが可能であった。

　もう一つの形態が、生産者が寡占化状態にあるなど流通業者に対する立場が強い場合であり、旅客航空市場がその一例である。航空券は、従来は旅行代理店で予約し発券されることが一般的であったが、発券手数料の負担を減らす目的や、旅行代理店間の競争の結果生じる価格競争を回避する目的で、航空各社はネット通販での直接流通を積極化している。

　さらに他の形態が、既存の流通チャネルでの販売商品と異なる商品を扱うことで衝突を回避する場合であり、パソコンメーカーの直販モデルや、食品メーカーが直接流通専用に高付加価値商品を販売している例がある。これは、小売店で販売するものとは競合しにくい商品や、全国の小売店に納入するだけの分量を用意できない限定生産品を直接流通用とすることでチャネルコンフリクトを避けるものである。

1　同様の問題はフランチャイズチェーンでもおこりうる。たとえばレンタルショップの多くはフランチャイズチェーンであるが、本部であるフランチャイザーがウェブサイトで直営のレンタル事業や動画配信を開始した場合、加盟店であるフランチャイジーの売上に影響を与えるおそれがある。

▶ ロングテール

　ネット通販では、従来の店舗販売では売ることのできなかったような商品が売り物になり、それが事業者に新たなビジネスチャンスを与えている。

　店舗販売では、陳列スペースの点で販売できる商品アイテム数には大きな制約がある。また顧客は商圏の制約を受けるため品揃えの目新しさでの集客にも限界がある。このため、店舗販売では売れ行きの不調な死に筋商品の販売をやめて、空いたスペースで売れ行きの好調な売れ筋商品の取り扱いを増やすことが売上向上に有効な対策となる。この結果、売上全体の7、8割が、売上の好調な上位2、3割の商品で生み出されるような状況が一般的となる。このような状況をパレートの法則、あるいは2：8の法則とか3：7の法則ということがある。

　ところがネット通販では状況がかなり異なる。なぜならば、物理的な店舗面積や陳列スペースの制約がないから取扱商品を増やすことが容易となるし、大半の消費者が見向きもしないような商品でも、商圏の制約なく誰もがアクセス可能なネット通販であれば興味をもつ顧客が出てくる可能性が高まるからである。このため、ネット通販では死に筋商品とよばれるニッチ的な商品の需要が掘り起こされる現象が生じる。結果として、ネット通販では店舗販売ではカットされてしまう商品でもある程度の売上が期待でき、そうした商品をたくさん取り扱えばそれらの売上の累積が、売上全体のかなりの部分を占める状況が期待できる。こうした状況をロングテール効果ということがある[2]。ロングテールとは、図表2-1のように取扱商品を販売数量順に並べてグラフ化したときに、販売数量の少ない商品が恐竜の尾のように長く続くことになぞらえており、売上の大きい一部の商品群をヘッド、それに続く多数の売上の小さい商品群をテールという。

　ネット通販ではこのように「ちりも積もれば山となる」効果が期待できるために、従来は収益性に疑問があるビジネスでも成り立つ可能性が高まって

2　クリス・アンダーソン(2006)が、ロングテールという概念を豊富な実例とともに紹介している。

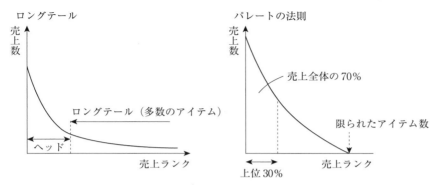

図表2-1　ロングテールとパレートの法則の例

いる。ネットオークションやフリマアプリのような単価の低い少額取引もその一例であるし、次に検討する、無料ビジネスでよく行われる一部の利用者への少額課金もそれにあたる。ロングテール効果は物品の販売だけでなく、デジタルコンテンツの販売や、インターネット上の広告活動など広い範囲で見られるのである。

　ただし、ロングテールのテール部分の売上を累計では十分に確保するとともに、そうした商品の取扱コストを削減する必要がある。前者の対策としては、検索システムを充実させることで多数の商品を埋もれさせず関心のありそうな顧客への露出を増やすことが考えられる。また後者の対策としては、在庫量の削減や、商品管理や配送のアウトソーシングによる低コスト化が考えられる。

▶ 無料ビジネス・フリーミアム

　インターネットの接続環境さえあれば誰もが利用できるスカイプという無料電話や無料のオンラインゲームがある。あるいは医師向けの無料の電子カルテシステムも存在する。このように、サービスの受け手には費用負担のない無料ビジネスが増えている[3]。従来の無料ビジネスは、広告の代償として見ることのできる民放番組やフリーペーパー、販売している商品に価格を転

嫁しているサンプル商品のように、無料の代償を受け手が何らかの形で支払っていることが一般的であった。

　しかしインターネットを介した新たな無料ビジネスを展開する事業者は、提供するサービスを階層化して付加価値をつけたサービスの受け手のみへの課金をすることや、無料サービスシステムを利用したときに得られるデータを何らかの販売モデルに組み込むことで収益を得る場合がある。すべてのユーザーから広く薄く利用代金を徴収する定額の少額課金は、ライトユーザーの参加を阻害するとともに、ヘビーユーザーからの収入を頭打ちにさせるデメリットがある。そこで、基本的なサービスは無償（フリー）で提供し、さらに高度なサービス（プレミアム）は有料で提供することで収益を確保する、フリーミアムといわれる取引モデルが増えている。つまり無料サービスの受け手は何の代償を支払わなくても、それを利用可能である。冒頭の例でいえば、スカイプはユーザー間での通話は無料だが、固定電話や携帯電話との間で通話するときは有料にしており、オンラインゲームはゲームを有利に進めるツールを有料で販売し、電子カルテシステムは医師の患者に対する医療データをデータベース化して第三者に販売することを予定している。

　このような無料ビジネスが可能になった背景には、インターネット経由でのデジタルコンテンツの配布コストを限りなくゼロに近づけられることにあるが、それは３章で詳しく考察することにして、ここでは無料ビジネスの問題点について指摘する。

　一つは無料ビジネスを行う事業者の意図である。ネット通販は市場が拡大途上の成長期にあることから参入企業が多く競争も激しい。そこで経営体力のある事業者が、シェアを圧倒的に高め競争事業者を脱落させる目的で無料ビジネスを開始し後から独占的高価格をつけるような場合は、企業間の健全な競争を阻害し消費者利益を損なうという点で許されない。もう一つは、無料ビジネスが一般的な有料ビジネスと比べて脆弱さを有するという問題であ

3　クリス・アンダーソン（2010）が、無料ビジネスを豊富な実例とともに紹介している。

る。たとえば一部の高付加価値サービスを受ける顧客への課金を収益の源泉にしていた場合、そうしたサービスを受ける顧客が十分に増えなければビジネスが成り立たず、無料サービスの提供も中止されるおそれがある。さらにもう一つ、無料サービスはその無償性ゆえに玉石混交となるおそれがあり、こうしたサービスが乱立している場合は、それらを消費者が選別することが重要になる。さらに、個人情報やそれに類するデータを得る目的で無料サービスが提供されている場合は、情報管理の徹底や情報を提供することになる個人の承諾を得ることが欠かせない。

▶ 逆 選 択

　ネット通販では売り手が多数存在するだけでなく、比較的低コストで事業を開始できるため新規参入者も多い。これは消費者にとって選択肢が広がるという点で望ましい面もあるが、どの売り手が優良か悪質かを見極めることが容易ではないという点で問題も生じる。

　契約当事者間に情報の非対称性が存在するために、情報量で優位に立つ者が利己的な機会主義的行動を行う結果、情報量が劣位の者が望ましくない選択をしてしまうことがある。これを逆選択というが、その一つの例が「レモンの市場問題」である。これは参入障壁が低く、取引される財に関する情報が売主に偏在している市場では、買主は品質を判断する材料に乏しいために高品質に見合う支払いを行わないことから、高品質の財を扱う売主が市場から退出する一方で低品質の財を売る売主のみが増加して市場の信頼性が低下し、最終的には市場自体が消滅してしまうという問題である。そしてネット通販市場では、売主は低コストでの市場参入が容易であるから参入障壁は一般に低く、非対面取引ゆえに購入する財を直接確認することができないという点では買主が判断することのできる情報に限りがあるから、同様の懸念が内在する。

　もっともネット通販では情報の双方向性により、消費者の情報収集能力は向上していると考えることもできる。それでも、インターネット上にあふれ

る情報の真偽を判断することは必ずしも容易とはいえないのである。

2. モール型サイト

▶ インフォミディアリ

　商品を購入しようとしている消費者がインターネット上で必要な情報を見つけ適切な売り手を探すことは容易ではない。売り手企業にとっても消費者に多数の競合サイトの中から自社サイトにアクセスしてもらうことは容易ではない。そこで両者を結びつけるのがモール型サイトであり、情報が氾濫するインターネットの中でそれを何らかの基準でまとめて相手方に伝える情報仲介の機能を果たしている。このような機能を提供する仲介業者のことを、Information（情報）と Intermediary（仲介者）の造語でインフォミディアリということや、7章で述べるオンライン・プラットフォームということがある。

　インフォミディアリは1章で分類したように、ネットモール、価格比較サイト、クチコミサイト、オークションに分けることができる。インフォミディアリとそこに出店する販売事業者とを比較すると、ともにインターネット上での事業を行うという点では共通するが、何を収益の源泉とするかが大きく異なる。すなわち出店事業者は消費者への売上によって収益をあげているが、インフォミディアリはサイトを運営することで出店事業者から得る手数料や広告主から得る広告料によって収益をあげている。すなわちインフォミディアリにとって、収益拡大には販売スペースや広告スペースに必要な膨大なウェブサイトとサーバの管理と、それらウェブサイトへのアクセスを増やすためのユーザーの確保、ウェブサイト上から必要な情報を円滑に取り出すための検索などのシステムの充実が必要となる。これらは単なる商品の販売と異なり、多額の初期投資や固定費を要するので、生産量の増加に伴って平均費用が逓減する規模の経済がはたらきやすい。そのためにインフォミディアリはその活動分野ごとに上位集中化が進む傾向にある。

▶ ネットモール

　楽天市場やヤフーショッピングといった大手ネットモールには数万の出店者が集まっている。出店者にとって、知名度の高いネットモールにはユーザー登録をしている消費者が多いので販売機会が増大する可能性は高い。しかし出店者にとって自社サイトでの販売と比較してネットモールへの出店では販売手数料を要する。

　たとえば楽天市場の場合、一般的な出店手数料は月額5万円と売上高の2～4.5%の合計金額である。単純な比較はできないが店舗小売業の売上高対営業利益率が3%程度の企業が多いことを考えると、出店コストは低いとはいえない。運営事業者は出店者個々のサイトを蓄積し、多数のアクセスがあっても表示が滞らないようなサーバの管理・運営が必要となるが、サイト上の広告表示や写真掲載などの編集作業と、注文受け付け後の発送作業は原則として出店者が行う。また運営事業者は売主ではないから在庫リスクを抱えることはなく、インターネット上での場所の提供によって手数料収入を得る点では低リスクの事業展開が可能となる。さらに購入者に付与されるポイント原資は出店者が負担し、会員情報についても出店者は入手できず、モール経由でなければ広告メールを送れないことが多い。これらは顧客情報の流出防止とともに出店者の囲い込み・離脱防止に寄与している。一方で、出店者の詐欺的取引によって被害を受けた消費者には、一定の条件のもとで被害を補てんするネットモールもある。このような責任は、法律上は売り手ではないネットモール運営事業者が負わないことが原則であるが、顧客の信頼度向上とその結果得られるライバルモールに対する競争優位という観点から、法の要求を超えた消費者保護策をとっている。

　多くのネットモールは出店者を増やすことでアクセスを増やし、収益を増やすことを目指しているが、あえて出店者を絞り込む運営事業者も存在する。衣料品のネットモールであるゾゾタウンや、高級宿泊施設の予約サービスを提供する一休がその例である。こうした出店者の絞り込みは当該ネットモールのブランド価値を高める効果も期待できる。高級感や高品質のサービスを

売り物にする販売事業者の中には、ブランドイメージの棄損をおそれ、単純な価格競争に巻き込まれかねないネット通販での販売を好まない場合もあるが、そうした事業者に出店してもらうには有効な策となる。

▶ ネットオークション

　オークションは従来、絵画や骨とう品など高額の希少品の売買で用いられてきた。その理由としては、大量生産された工業製品ではない希少品は、その希少性ゆえに価格をつけにくいが、好事家であれば高価格でも購入意欲があること、そのような購入希望者を広く集めたいこと、個人が保有している場合が少なくないことなどがあげられる。しかしネットオークションでは、会員数が多いので購入希望者も増える可能性が高いこと、インターネット上に出品物を掲載すればよいので低コストでの出品が可能なこと、運営事業者もアクセス数を増やし早期にリーダー企業として競争優位を確立するために出品物の規制を最小限にしてきたことから、ありとあらゆる商品・サービスが出品されている。ネットオークションは、匿名性が比較的高いために代金を受け取って落札品を発送しない詐欺的取引や、中古品の取引が多いために落札品の品質や内容についてのトラブルが生じやすいので、出品者はあらかじめ本人登録に加えてクレジットカード番号や銀行口座など手数料引き落としのための口座情報を運営事業者に伝えておく必要があり、入札者も一定の本人登録が必要な場合が多い。

　たとえばヤフーオークションの場合、自動車やオートバイなどの一部の例外を除けば、会員が落札時に落札金額の 10% 程度を手数料として支払うことで出品が可能である。ただし、オークション上の出品物は膨大であるため自己の出品物を目立たせたい場合には、広告料とでもいうべき上乗せ手数料を追加で負担する。

　一般的なオークションは、出品者がつけた最低価格に対して、入札者が希望金額をつけ、最も高い価格を落札価格としてそれをつけた入札者が落札者として出品物を購入できるものである。このように最低価格に対して落札価

格が引き上げられていくものを順オークションということがある。これと対になるものが、購入希望者がつけた希望価格を最高価格として、販売を希望する者がそれより低い価格をつけ、最も低い価格をつけた者がその金額で対象物を販売できる逆オークションである。つまり順オークションでは通常の小売と同様に売り手側に売りたい価格をつける決定権があったのに対し、逆オークションでは買いたい価格をつける買い手側に価格決定権が移る点が特徴的である。

　このような逆オークションの特徴をインターネット上の消費者向け取引で取り入れたものがアメリカの Priceline. com という航空券やホテルなど旅行サービスの販売サイトであった。これは、買い手が航空券やホテル宿泊について利用日や移動区間、宿泊地域を明らかにしたうえで申し出た購入希望価格に対して、売り手である航空会社やホテルがその価格で販売するか否かを決定するものである。売り手による価格引き下げ競争という点での逆オークションの要素は盛り込まれていないが、売り手ではなく買い手側に価格決定権があるという特徴は類似している。

　一般的にいえば、売り手の価格変更には値札の付け替えなど価格変更を買い手に周知するコストを要するから、店舗販売では価格変動が比較的少なく誰に対しても同一価格が提供されることが多い。しかしネット通販では、価格変更を低コストで行うことができるから、逆オークションが技術的に容易になる。また航空サービスや宿泊サービスは、形のあるモノのように売れない場合に在庫をしておくことができず、提供するサービスはその時点で販売できていなければ全く売上につながらないという特徴をもつ。そのため相場と比較して低価格でもサービスを販売したい事業者が多いことに着目してこのような販売形態がとられている。

　もっともこのような逆オークションは、以下のように消費者向け取引にはそぐわない点がある。その一つは消費者の多くは自己が希望する購入物についての適切な価格、相場観をもちにくいということである。もう一つは、航空会社やホテルを指定できないなど、購入条件を行き先や利用日などある程

度までしか絞ることができないことである。もう一つは、消費者向け取引は小ロットであるため、個々の買い手に対して異なる価格で販売するような個別対応は売り手企業にとって効率がよくないということである。こうした点は取引が頻繁なために価格情報に精通でき、カスタマイズ生産や大ロット取引が多い企業間取引では解決されうる問題であるが、消費者向け取引では解決することが容易ではないのである。

▶ 価格変更

　オークションで行われる価格更新はネットモールや価格比較サイトでも取り入れられている。

　たとえば yoyaQ.com という宿泊販売を行うネットモールは、空室のある宿泊施設の直前値引きや当日値引きをセールスポイントにしている。上記のとおり宿泊サービスの在庫不可能という問題点を、逆オークションではなく価格決定権を売り手が保持した状態で解決するための仕組みである。すなわち他社の価格動向や自社の空室状況をにらんだうえでの頻繁な価格変更が容易でかつ、インターネット上での表示により買い手への周知も容易である。同様の例は格安航空券を販売するネットモールでも見られる。航空会社・移動区間・移動日時が全く同じサービスを複数の旅行代理店が販売している場合、1円でも価格を引き下げることで自社の表示が一番上にくることは集客効果が大きい。

　また価格比較サイトでも、同一商品について複数の売り手の価格情報が表示されるが、そこで最安値をつけることは集客効果が大きい。とくに価格比較サイトの場合、出店者からの手数料収入は、ネットモールのような売上高の一定割合ではなく、登録商品数やクリック数による場合が多い。したがってユーザーのアクセス増が期待できる出店者間の価格競争は、ネットモール運営事業者の場合と比較してより積極的であると考えられる。もっとも比較サイトの運営事業者にとって、価格だけが比較の対象になると、低価格をつけることのできない企業の退店が増えるという問題が生じるおそれもある[4]。

その点で価格比較だけではなく、さまざまなクチコミを載せるなど価格以外の情報を求める消費者のアクセス数を増やすことも欠かせない。

3. 取引の安全性の確保

▶ 広告・表示の問題

　非対面取引のネット通販は、商品の現物を確認することなくウェブサイト上の情報で判断することになるから、広告表示が購入の意思決定に与える影響は大きい。そのため悪質な事業者による虚偽的なあるいは大げさな誇大広告といった不当表示が行われやすい。たとえば販売用のウェブサイトに「このクリームを塗るだけで確実に 5kg やせられる」というような表示をした場合、どのような法律と抵触するおそれがあるか[5]。あるいは自社の連絡先として住所を掲載せず、電子メールでしか問い合わせに応じないとしていた場合に問題はないのだろうか。

　第一に、不当表示に関しては、ネット通販に限らず消費者向け販売におけるすべての広告表示を規制対象とする、不当景品類及び不当表示防止法（以下、景品表示法という）という法律が存在する[6]。同法は誇大広告のような消費者をだますような不当表示と、過剰な景品で消費者の購買意欲をあおる不当景品を禁じている。ネット通販ではとくに前者が問題となり、商品やサービスの品質や規格、価格や取引条件が事実と相違して実際よりも優良・有利であると誤認させたり、他社の商品・サービスよりも優良・有利であると誤認させたりする表示を規制している（同法4条）。違反行為をした事業者に対しては、規制権限をもつ消費者庁や都道府県が措置命令などの行政処分を行う

4　Brian T. Ratchford, *et al.* (2003) は、BizRate.com という価格比較サイトに表示される売り手企業の商品販売価格を 2000 年と 2001 年で比較して、ソフトウェアやパソコンなど多くのカテゴリーで販売価格が一定の水準に収斂し分散が小さくなったと指摘している。

5　インターネット上の取引におけるさまざまな法律問題の解釈指針として、経済産業省 (2018) が存在する。

6　このほか薬機法（旧薬事法）や金融商品取引法のように、商品分野ごとに表示規制を設けた法律が適用される場合もある。

が、とくに不当表示が生じやすいネット通販については、経済産業省、公正取引委員会、国土交通省が、消費者取引の適正化と消費者利益の保護の観点から、数千のインターネット上の広告について法令違反の疑いがないかを点検するインターネット・サーフ・デイ（Internet Surf Days：国際的監視調査）を定期的に実施してきた。また東京都も調査員による同様の監視活動を続けていた[7]。

　第二に、ネット通販は特定商取引に関する法律（以下、特定商取引法という）の適用も受ける。特定商取引法は購入者の利益保護や商品流通・サービス提供の適切さの確保などの目的から、通信販売や訪問販売など店舗販売を除く6つの取引形態について規制をしているので、通信販売の一形態であるネット通販もその規制対象となる。特定商取引法では、商品性能や原産地名をはじめとする誇大広告は禁止される（同法12条）点は景品表示法に類似する。それに加えて、単なるイメージ広告ではなく販売条件を広告するような場合は、商品の販売価格や代金の支払方法、返品を認めない場合はその旨を明記すること、事業者の住所や電話番号など一定事項の表示が義務づけられている（同法11条）。

　したがって冒頭の事例にあげた誇大広告は景品表示法および特定商取引法に違反するおそれがあり、住所の不掲載は特定商取引法に違反するおそれがある。

▶ いつ契約が成立するのか

　売り手と買い手の間で契約が成立した以上、売り手は商品を引き渡す義務が生じ、買い手は代金を支払う義務が生じる[8]。とくにネット通販では相手を目の前にして契約を結ぶわけではないから、契約の成立に関してさまざまな問題が生じる。

7　東京都の調査結果については、丸山（2007）194-200頁や、東京都生活文化スポーツ局・福祉保健局（2008）に詳細がある。

8　一方当事者がその契約内容の履行を怠った場合、相手方から損害賠償などの債務不履行責任に問われることになる。

第一の事例として、パソコン1台20万円と表示するところを誤って2000円と表示したために注文が殺到したが、売り手は注文に対して注文を受け取ったことをメールで自動発信していた場合、売り手はその価格で商品を販売しなければいけないのだろうか。

　わが国の契約関係を定める根本的な法律である民法では、契約は申込みと承諾の意思表示が合致することで成立する。書面によらない口頭での契約は有効であるし、インターネット上での契約も有効である。ところで消費者向け取引では一般的に、買い手の申込みが先にあり、そのあと売り手が申込みに応じて承諾をした時点で契約が成立する。

　しかし事例の場合、売り手は買い手の申込みの連絡を受け取ったと返信したにすぎず、売ることを承諾したわけではないから両者の意思表示は合致していない。したがって売り手は商品を販売する義務はない。実際に多くのネット通販サイトで、買い手の申込みに対して速やかに返信メールを送付しているが、契約が成立した旨は表記せず、注文があったことを通知しているにすぎないことが一般的である。そして申込みに対する承諾は、商品が確保できた後に再度通知を発信したり、商品の発送をもって替えていたりすることが多い。これによって一時的に注文が殺到した場合でも契約責任を回避できることになる。

　第二の事例として、顧客がウェブサイト上で行った購入申込みに対して売り手が電子メールで契約の承諾を発信したものの、これが文字化けしていたために顧客が読むことができなかった場合や、ネットワーク障害のために顧客のもとに届かなかった場合、契約は成立したといえるのか。ネット通販のように売り手と買い手が離れた場所でなされる隔地者間の取引では、どの時点で契約が成立するのだろうか。

　隔地者間の取引の場合、買い手は売り手から通知を受け取るまでは注文が売り手に到着したのかさえ確認できない。そこでネット通販では、「電子消費者契約及び電子承諾通知に関する民法の特例に関する法律」（以下、電子消費者契約法という）によって、隔地者間の契約において電子承諾通知を発する

場合は、承諾通知が相手方に到達した時点で契約が成立することとなった（同法４条）[9]。つまり、事業者が消費者の購入申込みを承諾する旨の電子メールを送信する場合、それが消費者側のメールサーバに到達した時点で契約が成立することになる。もちろん、相手方がメールソフトを開いて申込み内容を実際に確認することまでは求められないから、確認することが可能になる段階、すなわち相手のサーバに到達した時点で申込みの効力が発生することになる。

したがって冒頭の事例のように、承諾の電子メールが文字化けした場合やネットワーク障害が発生した場合には、通知を読める状態で顧客側のメールサーバに到達するまでは契約が成立していないことになる。

▶ 申込み時の「かんちがい」

次に問題となるのが顧客の入力ミスなど「かんちがい」による申込みである。たとえば、顧客がインターネット上で注文をするときに１個購入するつもりが誤って11個と入力をして売り手に送信してしまい、これに対して契約の承諾通知が届いた場合、買い手はその商品を本当に11個購入しなくてはならないのだろうか。

電子消費者契約法は３条で、事業者が個人消費者の申込み内容などの意思の有無を確認する措置を講じていない場合は、仮に個人消費者に重過失があったとしても錯誤による意思表示の無効を主張することができるとしている[10]。具体的には、確認を求める措置とは図表2-2のような画面表示である。このように、申込み画面上の「購入します」ボタンをクリックした後、次の画面で申込み商品を購入することを確認する「確認」ボタンをクリックする

---

9 民法では、隔地者間の契約では契約の成立は承諾の発信がなされたときに生じるという発信主義をとる（同法526条1項）が、これを修正していることになる。なお承諾に先立って行われる申込みについては民法の原則どおりに、相手方に到達した時点で効力が発生する（民法97条1項）。

10 民法上は重大な過失があった場合には錯誤による無効主張が認められないので、ネット通販でとくに消費者が保護される規定となっている。

第一画面

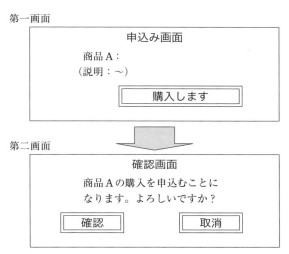

図表２-２　確認を求める措置の例
出所：経済産業省（2018）より筆者作成

ことでその商品購入の申込みを完成させることや、最終的な意思表示となる
「送信」ボタンをクリックする前に、申込み内容を表示して訂正・確認する
機会を与える画面を設定することが確認措置にあたる。売り手がこのような
措置を設けない場合、買い手が「かんちがい」で申込みをした場合でも、後
からその申込みは無効であると主張することができる。つまりネット通販業
者が確認画面を設けていない場合、かんちがいで申込みをした個人消費者が
保護されるのである[11]。また特定商取引法も、顧客の意に反して契約の申込
みをさせようとする行為を規制しており（同法14条）、同様に確認画面の設
置を求めている。

　したがって冒頭の事例のようなかんちがいでは、確認画面が設けられてい
なかった場合は、買い手は契約を無効にできるし、売り手は特定商取引法違

11　購入者側がこのような確認画面を煩雑であるとして省略することはできる。たとえばアマゾン
　　では「1-Click」という設定を行うことで、複数の確認画面を経由せずに、商品をクリックする
　　だけで購入申込みをすることが可能になる。

反に問われるおそれがある。一方で確認画面が設けられていた場合は、確認が不十分であった買い手の責任としてすべて購入する義務が生じることになる。

▶ 契約相手の「なりすまし」

非対面のインターネットでは本人確認は容易でない。第一にウェブサイト開設者のなりすましが問題となる。すなわち、非対面のネット通販では著名企業のウェブサイトの偽物を誰かが作成している場合や、著名企業のアルファベット名を URL に使用していることがありうる。

前者のような詐欺的な行為をフィッシング詐欺という。フィッシング詐欺とは、ある企業の名をかたった第三者が、ウェブサイトの掲載やメールを送付し、それにアクセスした者に ID やパスワードなど個人情報を入力させることでそれらを盗み出す行為のことをいい、フライフィッシングのような釣りの疑似餌にたとえて名づけられた[12]。

後者のような著名企業名と紛らわしい URL の取得は 21 世紀はじめにドメイン訴訟として問題になった。著名企業と同一のドメイン名を先行取得した第三者が、そのドメイン名の高額での売却を当該企業に持ちかけたり、ネットオークションに出品したりして、これを不服とする企業側がそうした URL の使用差し止めを裁判で要求する例が続出したのである。その後、不正競争防止法が 2002 年に改正され、不正の利益を図りまたは他人に損害を加える目的で、他人の特定商品など表示と同一または類似のドメイン名を取得・保有・使用する行為が不正競争とされ（同法 2 条 1 項 12 号）、このような不正競争行為に対して使用料相当額を損害賠償請求できる（同法 5 条 2 項 4 号）としたことで同種の紛争は下火となった。

第二に買い手のなりすましも問題になる。たとえば第三者が本人の名をかたって売買契約を結んでしまった場合、買い手にさせられた本人は代金を支

12　フィッシング対策協議会のウェブサイト https://www.antiphishing.jp/ では、著名企業の名をかたるフィッシング詐欺の発生例を掲載して注意喚起を行っている。

払わなければならないのか。この問題は、①本人確認の方法について売り手との間で取り決めがない一度限りの取引の場合と、②あらかじめパスワードなどを用いた本人確認の方法について取り決めがある継続的な取引を前提とする場合とに分けて考える必要がある。

　前者の場合、なりすました第三者は本人から売買契約の代理権を与えられていたわけではないから、本人と売り手の間に契約が成立することはないことが原則である[13]。したがってなりすまされた本人には代金支払い義務はなく、売り手は「なりすまし」をした第三者に対して、代金支払いなどの責任追及をすることになる。もっとも、現実問題としてインターネット上でなりすました第三者を特定することは容易ではない。

　後者の場合、IDやパスワード登録を本人がする際に売り手との間でパスワードを他人に漏らさないことなどの利用規約に同意していることが一般的である。そして本人がパスワードを第三者に漏らしてしまったのであれば、売り手はパスワードによって本人確認をしているのであるから、なりすましについて本人の責任と売り手側の善意無過失が認められ、本人との間に契約が成立することになりやすい。

　したがって売り手の立場としては自己の責任を極小化するために、一回だけの取引であっても、ネット通販サイトでの商品購入に先立って顧客にID登録とパスワードを要求することが多い。あらかじめ本人確認の方法を設けていない場合のほうが、売り手は不測の損害を受ける可能性が高いからである。

　さまざまなサービスを利用するユーザーにとって、多数のパスワードを別個に管理することは容易ではなく、パスワードは、売り手にとって都合のよい仕組みである。とくにセキュリティ対策の名のもとに、第2パスワードや秘密の質問などといった付加的なパスワード登録を要求するのはユーザーの

13　民法上は「なりすまし」が行われたことについて本人に一定の責任があり、相手方が第三者を本人であると信じ込んだことについて善意無過失であれば、契約が成立する可能性があるが、本人確認の方式について取引当事者間に事前の合意がない場合、なりすまされたことについて本人の責任を認定することは困難であろう。

利便性を考慮しているとは言いがたい。セキュリティとユーザーの利便性を両立する観点からは、クレジットカードやマイナンバーカードなどに搭載されたICチップ内の情報をICカード読み取り機を通して送受信する仕組みや、一部の金融機関が提供しているような、利用ごとに使い捨てパスワードが表示されるパスワード生成機がより積極的に利用されるべきであろう。

　なお、インターネットは誰でもアクセスできる開放型ネットワークであるからデータを送受信する際に情報漏洩の危険がある。売り手の設けたウェブサイトがセキュリティ面で不十分なために、第三者にパスワードを知られた場合まで本人が責めを負うわけではない。またパスワードの管理が社内で不十分であったために、売り手側からこれが漏れた場合も本人が責めを負うわけではない。

▶ 電子認証制度
　こうした問題は、インターネット上では情報が漏洩する危険が高いうえ、「なりすまし」があった場合に責任の所在が不明確となりやすいために生じる。ネット通販の場合は、売り手のウェブサイト上での販売情報の表示から、買い手の購入申し込みと種々の顧客情報の送信に至る一連の流れの中で、①売り手が表示し、買い手が送信する情報のそれぞれが、第三者によって改ざんされていないこと、②顧客情報を蓄えることになる売り手はとくに、第三者がなりすましておらず本人確認ができること、が重要となる。これを支え

図表2-3　共通鍵暗号方式

る仕組みが暗号技術と電子認証制度である。暗号技術は、インターネット上の問題に限らず、情報漏洩を防止するためにこれまでさまざまな方式が開発されてきた。

その一つが、共通鍵暗号方式とよばれる暗号技術である。これは図表2-3のように、データ交換をする両当事者が一対の秘密鍵を保有して、一方当事者が秘密鍵で暗号化した文書を、他方当事者がこれと対になるもう一つの秘密鍵で解読（複号）するものであり、暗号化や解読を迅速に行うことができる点で優れている。しかし最初に相手に秘密鍵をわたすときにインターネットを用いると鍵自体が他人に漏れるおそれがあること、当事者ごとに一対の秘密鍵を保有しなくてはならないから管理が煩雑になることが欠点である。そのためネット通販のように多数の当事者が利用する形態では、この方式は不向きである。

もう一つが、公開鍵暗号方式とよばれる暗号技術である。これは図表2-4のような流れで運用される。まず電子署名を利用したい者は、公開鍵と秘密鍵という2つの鍵からなる鍵ペアを作成しておく。公開鍵は広く一般に公開し、秘密鍵は厳重に管理して自分以外には誰にも知らせない。利用者は自己が保管する秘密鍵を用いて、作成文書を暗号化したうえで発信する。この暗

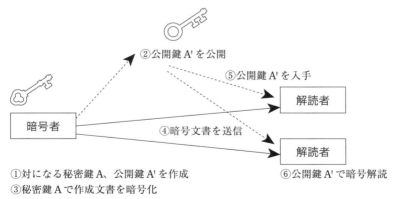

①対になる秘密鍵A、公開鍵A'を作成　　　　　⑥公開鍵A'で暗号解読
③秘密鍵Aで作成文書を暗号化

図表2-4　公開鍵暗号方式

号化された文書は、発信者の秘密鍵と対になる公開鍵を用いたときに限り解読できる。つまりある人物の公開鍵で解読できる文書は、その人の秘密鍵で作成された文書であるということになるから、暗号化がいわば電子上での「署名」にあたることになる。そして逆に公開鍵で暗号化した文書は、その公開鍵と対になる秘密鍵でしか解読することができない。

　つまり、公開鍵を入手すれば誰でも文章を解読できるので秘密鍵で暗号化した文書を秘密化することはできない。しかし、秘密鍵の作成者を明らかにすることで、誰が作成した文書であるかという本人確認が可能になるのである。また公開鍵で暗号化した文書は秘密鍵でしか解読できないから文書内容を秘密化することができるのである。したがって公開鍵暗号方式は、ウェブサイトの開設者が誰であるかという本人確認と、買い手の個人情報を売り手に送信する際にその情報が漏洩しないという点で、ネット通販に適した暗号方式であるということができる。

　しかし本人性を担保するだけでは、公開鍵が実在する人物本人のものなのか誰かになりすました人物や架空の人物のものなのか、本人の素性を確認することができないので、結局のところ公開鍵暗号方式を採用するだけでは、信頼性を十分に高めることができない。そこで設けられているのが電子認証制度である。

　電子認証制度とは、認証機関が本人確認書類と鍵ペアのうち公開鍵を登録した者の本人性を認証するものである[14]。具体的には認証機関が、本人の公開鍵であることを証明する電子証明書を発行する。そして登録された公開鍵でのみ解読できる暗号文章には電子署名が付されていることになる[15]。認証機関は、グローバルサイン社など民間企業がビジネスとして行っていることが多い。この制度では、公開鍵暗号方式による情報の秘匿化とともに、相手

14　本人確認は、ウェブサイトを運営する申請者が登記事項証明書をはじめとする公的機関の証明書などを認証機関に提出することで行われる。

15　電子認証制度は地方自治体が管理している印鑑登録制度に類似している。両者の関係では、電子証明書は印鑑証明書に、電子署名は印鑑登録をしたいわゆる実印に対応しているということができる。

方がその本人であることを認証機関が認証していることになる。

　電子認証制度によって本人性が担保されれば、トラブルが生じたときにはやり取りされていた暗号文書を証拠として用いることが可能となる。そこで、本人確認による取引の安全と暗号文書の証拠価値の確保、そして情報漏洩を防止するために設けられた「電子署名及び認証業務に関する法律」（以下、電子署名法という）によって、本人のみが行うことのできる電子署名が付された電磁的記録は、真正に成立したものと推定されることになる（同法3条）。つまり、何ら暗号化のなされていない電子文書は誰でも改ざんすることが容易なので証拠価値は低いが、電子署名の付された電子文書であれば万一トラブルが発生して訴訟となった場合に、高い証拠価値をもつ。

▶ SSL方式

　電子認証制度はインターネットの実務上は、ウェブサイト作成者の本人確認機能と、ユーザーのウェブサイト開設者へのデータ送信時の情報漏洩の防止機能を有するSSL（Secure Socket Layer）方式として知られている。

　SSL方式とは、図表2-5のように、利用者（買い手）がSSLを装備した事業者（売り手）のウェブサイトにアクセスすると、事業者のサーバから利用

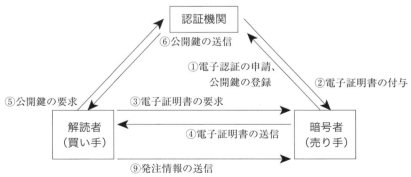

図表2-5　SSL方式の概要

者のブラウザに、あらかじめ事業者が申請して取得した認証機関の証明書とサーバの公開鍵が送信されることで、サーバとアクセスに利用しているインターネット閲覧ソフトであるブラウザとの間の通信の安全を確保するものである。

　ユーザーはこの公開鍵で認証機関の電子署名を確認し、認証機関の証明が正当なものでありサーバの公開鍵が認証機関の認証したものであることを確認する。なお一般的なブラウザであれば認証機関の公開鍵を含む証明書が確認可能である。ブラウザソフトは公開鍵から共通暗号鍵を作成し、この共通暗号鍵をサーバの公開鍵で暗号化し、サーバに送り返す。サーバは受信した共通暗号鍵を秘密鍵で複合して、この共通暗号鍵をもつブラウザとの間の暗号通信システムを確立する。共通暗号鍵は事業者の公開鍵で暗号化されたから、解読できるサーバ側は解読できる秘密鍵をもった証明された本人であると分かる。これが終了すると URL が http:// ではなく https:// からはじまるとともに、ブラウザソフト上に［鍵］のアイコンが表示される。つまり、当事者の一方が電子認証を受けていれば送受信するデータを盗み見られずにすむことが可能となる。

3 章
資金と物の流れ

1. ネット通販における代金決済手段

▶ クレジットカード

　取引が成立することにより、買い手は売り手に対して代金を支払い、売り手は買い手に対して商品を引き渡す。ネット通販での代金決済方法は、1 章の総務省調査のとおりクレジットカードが最も多い。この理由としては、ネット上で決済が完結する点、クレジットカードの保有率が高い点、多くの事業者のウェブサイトで利用できる点で利便性が高いことが考えられる。

　一般的なカード決済の方法はパソコン画面上に、クレジットカード表面に表示されたカード番号とカード所有者の氏名、カードの有効期限を入力するものである。この情報が売り手に送信される際は、2 章で確認した SSL によって暗号処理され、ネット上では情報が漏洩しない。しかし文書の暗号化によって送信中の情報漏洩が防止できれば安心といってよいのだろうか[1]。

　店舗販売では一般的にクレジットカードの呈示に加え、あらかじめ登録した暗証番号や署名によって支払いを行う。しかしインターネット上ではカード番号などの入力だけで支払いが可能となってしまう場合が多い。そのためクレジットカード番号などカード表面に表示された情報を入手した第三者が、

1　よりセキュリティの高い方式として、SET（Secure Electronic Transaction）方式があるが、売り手企業だけでなく消費者側も認証機関の電子認証を得る必要があるなど手続きが煩雑であるため、ほとんど普及していない。

本人になりすましてインターネット上で商品購入を行うおそれがある。その
ため売り手側にクレジットカード番号を送信すること自体にも危険性がある
と考えられる。消費者は手間をかけずに、クレジットカード番号などを売り
手に送信するだけで決済できてしまうことのリスクを認識すべきであろう[2]。
こうした情報は暗証番号と異なり、秘匿される情報ではないから店舗販売で
の利用時も含め第三者が入手していることは十分にありうる。クレジットカー
ド会社はこうした不正利用に対処するためさまざまな対策を講じている。

　この対策の一つが、クレジットカード会社の多くが設けている本人認証サー
ビスである。これは、クレジットカード利用者がカード会社に対してあらか
じめネット通販専用のパスワードを登録しておき、ネット通販での代金決
済時には、売り手のウェブサイトでのカード番号などの情報を入力後、カー
ド会社のウェブサイトへリンクが飛んで、そこでパスワードを入力すること
でカード会社がカード保有者本人の決済であることを確認するものである。
これはネット通販時のカード利用の安全性という点では有効性が高い。しか
し、カード利用者にとってあらかじめパスワード登録をしてそれを管理して
おく必要があること、代金決済時に入力の手間が増えることから、売り手側
の導入もそれほど進んでおらず、利用はあまり普及していない。

　また、カード裏面の署名欄に印刷された3ケタないし4ケタのセキュリ
ティコードといわれる数字を、カード番号などに加えて入力させる売り手企業
もある。セキュリティコードはクレジットカード利用伝票や明細書に記載さ
れることがないので、正しいセキュリティコードを入力できる者はカードを
保有している可能性が高いから、売り手にとってはカード決済時のなりすま
しを回避できる可能性が高まる。ただし複数のウェブサイトにこのコードを
入力している場合やカード保有者が知らないうちにセキュリティコードを第
三者に見られている場合もあるから、安全性が十分に高いとはいえない。

2　カード番号や有効期限などが漏洩して不正利用されても、2か月程度の一定期間内にカード会
　社に連絡すれば、保険によって支払いを免れるので金銭的な損害はカード保有者には発生しない
　ことが一般的である。しかしカード会社への問い合わせやカード番号の変更など手続きを要する
　ことはいうまでもない。

さらに、カード決済時にカード番号などを入力せずに、パソコンに接続した IC（Integrated Chip：集積回路）カードリーダーを用いてクレジットカード内に埋め込まれた IC チップの情報を読み取る方法もある。この方法ではクレジットカード番号を入力する必要がなく、カード決済に必要な情報をセキュリティの高い IC チップを経て送信するのでカード利用の安全性という点では有効性が高い。しかしカードリーダーが内蔵されたパソコンが少なく、外付けのカードリーダーであれば別途入手の必要があること、流通している大半のクレジットカードがこの決済方法に対応していないことから、ネット通販事業者側の導入が進まず普及しなかった[3]。

▶ 電子マネー

　電子マネーとは、利用者があらかじめ払い込んだ金額に対応して発行企業が交付する金銭的価値を有する電子的データのことをいい、電子データが利用者の有する IC チップに格納される IC チップ型と、特定のサーバに蓄積されネットワーク上でパスワード等の認証によって利用可能なネットワーク型に分かれる。前者の代表例が「エディ（Edy）」や「スイカ（Suica）」、「ナナコ（nanaco）」や「ワオン（WAON）」である。電子マネーは金銭的価値を有するが、政府が保証するものではないから現金とは異なる[4]。また、事前に入金が必要なプリペイド型である点で、事後に引き落としをされるポストペイ型のクレジットカードと異なる。そしてプリペイドであるために、年齢や収入といったクレジットカード加入審査が不要なため保有が容易な点が長所である。

　IC チップ型の電子マネーはカードやスマートフォンに残高を蓄積でき、店舗販売でも少額決済を中心に利用されているが、ネット通販では、クレジットカードと同様にオンライン上で代金決済を完結できる点で利便性が高い。

3　ソニーファイナンス社の eLIO カードなどが発行されていたが、現在はサービスが終了した。
4　ただし電子マネーは資金決済に関する法律（以下、資金決済法という）により、顧客の債権保全の観点から、発行企業は未利用残高の 2 分の 1 以上を供託するなどの保全措置をとることとされている。

もっとも IC チップ型は、偽造の困難な IC チップに金銭データが記録される点で安全性が高いが、IC カードリーダーの接続が必要なこと、電子マネーの中でネット通販決済に対応しているものがエディなど一部にとどまることから、パソコン経由の決済では利用が普及していない。しかし決済情報の管理という点では SSL 方式によるクレジットカードの資金決済よりも安全性が高いので今後の普及が望まれる。また、携帯電話経由のネット通販では、携帯電話の多くに、おサイフケータイといわれる IC チップ型電子マネーが装備されるようになったために、今後普及していく可能性が高い。

　ネットワーク型の電子マネーには、まずスマートフォンと QR コードやバーコードを利用した「Pay Pay」「メルペイ」「LINE Pay」といったコード決済がある。序章で述べたように、店舗側の初期費用や支払手数料がクレジットカードなど他のキャッシュレス決済と比較して低額ですむために、日本政府のキャッシュレス決済比率の上昇目標のもとで急速に普及している。これは買い手がスマートフォンに表示するコードを売り手がスキャンする、あるいは売り手が表示するコードを買い手がスマートフォンでスキャンすることで電子的に代金決済を行うものであり、後者の方法であればネット通販でも利用可能となる。もう一つは「ウェブマネー（WebMoney）」や「ビットキャッシュ（BitCash）」、「ちょコム e マネー」、「JCB PREMO」などで、オンラインゲームでのツール購入や音楽ソフトのダウンロードなどデジタルコンテンツを中心とした少額決済に利用されてきた。しかし IC チップ型電子マネーやコード決済の普及が加速する中で、代金決済に利用する事業者が伸び悩んでいること、パスワードやプリペイドカードに印字された利用番号の入力により決済可能なため、IC チップ型と比較して簡便な半面で、印字された情報の悪用というセキュリティ面の不安があることから普及はあまり進んでいない。

▶ ネットバンキング

　インターネット上で振込みなどの手続きが可能なネットバンキングは、大

手銀行を中心にサービス提供が進んでいる。ネットバンキングは銀行の窓口
やATMに寄らずに代金決済ができる点で利便性が高い。

　「偽造カード等及び盗難カード等を用いて行われる不正な機械式預貯金払
戻し等からの預貯金者の保護等に関する法律」（通称、偽造・盗難カード預金者
保護法）によって、不正な預金払戻しが行われた場合に一定の条件のもとで
銀行が被害額を補償することになる。しかしそうした不正払戻しを避ける対
策として、銀行の中にはネットバンキングの利用時に複数のパスワードを要
求したり頻繁なパスワード変更を要求したりする場合があるが、パスワード
管理の煩雑さを考えると利用者の立場になっているとは言い難い。またワン
タイムパスワードといわれるパスワード生成機を利用した使い捨てパスワー
ドを用いることでセキュリティ向上と利用者のパスワード管理負担の軽減を
図っている銀行もあるが、生成機の利用が有料となる場合もある点で課題が
残る。

▶ 通信料金への上乗せ

　携帯電話会社の通信料金やプロバイダ利用料金への上乗せによる支払いは、
代金決済時に決済情報の詳細を入力する必要がなく、あらかじめ指定した支
払方法で毎月の利用料金と同時に引き落とされる点で利便性が高い。もっと
も、プロバイダが自社で提供するサービスや携帯電話会社のポータルサイト
に掲載される公式サイトのように提携先が限られるため、提携会社のセキュ
リティソフトの継続的利用や音楽ソフトのダウンロードなどデジタルコンテ
ンツを中心とする少額決済での利用が中心である。

　しかし、通信料金やインターネット接続料金の低価格化が進む中で、こう
した企業は収益機会を拡大する必要がある。したがって今後は、決済手数料
が得られる課金プラットフォームの一般化は進むと考えられる。

▶ 企業ポイント

　企業の多くがポイントやマイル制度を導入している[5]。一般的な企業ポイ

ントは、ポイント会員となった顧客の購入金額の一定割合を、次回以降の購入金額の支払いに充当できるポイントとして還元するものである。企業ポイントは、発行する企業にとっては、新規顧客の開拓や既存顧客の囲い込みに有益な販売促進効果がある。単純な値引き販売と比較して、次回の購買のきっかけになるし、優良顧客へのポイント付与率を引き上げるなど優良顧客化を進めるための施策を行いやすいからである。また顧客個々のポイント獲得・利用履歴から購買行動を分析したり、登録時の会員属性を活用したりすることで種々のマーケティング活動に役立てることも可能になる。そのため多くの企業がポイントを発行しており、乱立状態ということもできるが、企業側がポイントを集約化する動きもある。

　たとえば、ネットショッピングモールを運営する楽天やヤフーが発行するポイントは、サイト内のどの出店事業者でも利用することができるし、レンタルショップのフランチャイザーであるカルチュア・コンビニエンス・クラブ（CCC）が発行するTポイントはコンビニエンスストアなど他の小売チェーンでも広く利用できる。こうした状況は、ポイント原資を負担している個々の販売事業者にとっては自社への囲い込み効果が薄れるという欠点があるが、顧客にとっては利便性が増すことになるし、ポイントシステム全体を管理する発行企業にとっては、他のポイントとの差別化になるので、一層進展することが予想される。

　ネット通販ではとくに、ポイントカードを持ち歩かなくても代金支払いに充当できる点で企業ポイントの有効性が高い。一方で顧客が企業ポイントを利用するために多数のID・パスワードを管理するわずらわしさから逃れるために、ポイントの集約化が進むと考える。ただし企業ポイントは、商品購入に付随して得られるおまけであり、顧客が代金支払いと引き換えに得ている電子マネーや商品券のような資金決済に関する法律（以下、資金決済法）の適用を受けないので、発行企業の倒産時の債権保全は十分ではない。

5　経済産業省（2007）が、企業ポイントのメリットや問題点など多面的な考察をしている。

▶ 仮想通貨

金融（Finance）と技術（Technology）を組み合わせたフィンテック（FinTech）という造語がある。これは情報技術を活用した新たな金融サービス全般を指すが、その一つに「ビットコイン」のような仮想通貨がある。資金決済方法では仮想通貨は、①不特定の者に対する代金の支払い等に使用でき、かつ、日本円や米国ドルのような法定通貨と相互に交換できる、②電子的に記録され移転できる、③法定通貨またはプリペイドカードのような法定通貨建ての資産ではないものとされる。仮想通貨は、その代表例であるビットコインがブロックチェーンという暗号技術を用いているように、改ざん防止のために暗号技術を利用しているので暗号資産といわれることもある。

仮想通貨は国の登録を受けた「交換所」や「取引所」とよばれる仮想通貨交換業者から入手・換金することができるが、代金決済で普及しているとはいえず、投機対象となることが多い。また詐欺事件も多く発生しており、金融庁は「暗号資産（仮想通貨）の利用者のみなさまへ」というウェブサイトで情報提供や注意喚起を行っている。

▶ 代金引換

売り手と買い手がお互い離れた場所で、相手方が代金を支払うか、注文した商品を送ってくるか不安を感じることになりやすいネット通販では、代金決済と商品配達は不可分のサービスであり、両者を融合させたサービスが代金引換であるということができる。代金引換は、クレジットカードの未保有者など誰でも利用可能なこと、カード決済に必要な情報を送信する必要がなくセキュリティ面の安全性が高いこと、商品と引き換えに代金を支払うので安心感があることが長所である。一方、代金支払いのため在宅が必要なこと、利用時に代金引換手数料を要する場合が多いこと、オンライン上で取引が完結するデジタルコンテンツやサービス取引では利用できないことが短所である。また配達物と支払代金を配達時点で引き換える仕組みであるから、配達物の中身が注文した商品と異なっている場合のトラブルは防止できるもので

はない。

　宅配事業者にとって代金引換は、引換手数料による収入増に加え、コスト面で代金決済手段を多様化しにくい中小ネット通販事業者に対して物流・資金流全般の囲い込みを図ることができるので、有効なサービスである。そのため、現金による引き換えだけでなく、クレジットカードや電子マネーによる引き換えサービスも提供する宅配事業者が増えている。

　企業が売り手となるネット通販では、事業者名や連絡先が明記されるが、消費者間のネットオークションやフリマアプリでは、売り手の本人確認や個別の連絡をとることが容易でないために、買い手としては代金支払いにはより慎重にならざるを得ない。それを解消するための仕組みがエスクローサービスである。これは図表3-1のように、売買に際して商品の引き渡しと代金支払いをトラブルなく円滑に行う目的で、エスクローサービス提供会社とよばれる第三者が一度代金を預かることで売り手と買い手との間を仲介するものである。ネットオークションを例に、このサービスの流れを述べると、まずエスクローサービス提供会社は、自社が指定する口座に落札者が入金したことを確認したうえで、その旨を出品者に通知する。そしてこれを確認したうえで出品者は出品物を落札者に送る。最終的にエスクローサービス提供会社は、買い手のクレーム期間内に商品不着や内容相違の連絡がなかった場合に、売り手に代金を払い込む。取引相手の匿名性が強いネットオークショ

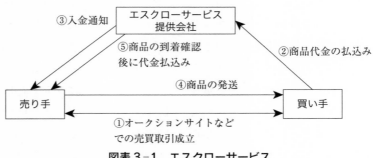

図表3-1　エスクローサービス

ンでは、通常のネット通販よりもお互いの信頼性に不安があり、売り手は代金受け取り前の商品発送を、買い手は商品受け取り前の代金払込みを躊躇する。そこでこのサービスによって代金を支払ったのに商品が配送されない、商品を引き渡したのに代金の支払いを受けられないといったトラブルを防止することができるのである。

　エスクローサービスは、ネット通販と比較してトラブルが生じやすいネットオークションを対象に、宅配事業者やクレジットカード会社が有料でサービスを提供したがあまり普及しなかった。その後ヤフーオークションやメルカリのような消費者間取引では運営事業者自らが同種のサービスを提供している。また中国のアリババは、電子商取引において売り手と買い手相互の信頼度が低いことをカバーするために自社がエスクローサービスを提供したことが事業急成長の一因である。

2.　ネット通販における物流

▶ 輸送機能と在庫機能

　物の流れすなわち物流とは、売り手と買い手との間で売買契約を締結した後で、代金支払いと引き換えに商品そのものを移転させることである。物流の機能は、①輸送機関を使ってモノを場所的に移動する輸送機能、②生産から販売、消費に至る時間的ギャップを調整するための保管あるいは在庫機能、③荷下ろしやピックアップといった輸送や在庫の前後で行われる荷役機能、④商品を保護し取り扱いを容易にするための包装機能、⑤商品供給のために原材料や半製品、完成品を適切に管理して品質を維持する在庫管理機能、⑥配送効率を高める目的、値札づけやセット詰めなどモノに付加価値を与える目的で、流通段階で軽度の変化を加える流通加工機能、のように分類することができる。これらのうち輸送機能と在庫機能でネット通販特有の問題が生じる。

　まず輸送機能に関しては、有形財の取引では、すべてをオンライン上で完

結させることはできず、商品の受け渡しのために輸送が不可欠である。この輸送時間を短縮し確実なものにすることは売り手にとって競争を有利に進めるために重要である。サービスやデジタルコンテンツでは、オンライン上のダウンロードを行えば宅配事業者を経由する必要はないが、通信速度の高速化や通信回線の安定化は迅速・確実な輸送と同様の意味をもつ。宅配サービスは、比較的低料金での利用が可能であるし、配達時間の指定や不在時の再配達方法など付加的サービスも充実しているので、消費者にとっての利便性は高い。しかし小口配送のためにトラックが頻繁に街中を走り回ることは、交通渋滞や排気ガスなどの社会的問題を新たに生じさせる。またネット通販の拡大による取り扱い荷物の増加や再配達などの高水準のサービスは、ドライバー不足をまねき、宅配料金の値上げや配達日数の増加といった問題を生じさせている。

　次に在庫機能に関しては、ネット通販では無店舗販売ゆえに、店舗ごとの商品陳列や在庫を保有する必要がない。また配送センターに在庫を集約することができるし、納入業者の協力が得られれば在庫をもたずにすませることもできるから、売れ残りリスクも含めた保管費用が比較的少なくなる。こうした状況は、商品の回転率を向上させ、高い事業収益を見込むことができる。このような集中在庫型の販売形態はネット専業であればもちろん、クリック&モルタル型の企業でも既存の店舗網とは別にネット通販用の配送センターを設けることで採用される場合が多かった。しかしこの場合、配送センターの賃借費や建設費が必要となるし、従来の店頭在庫とは別系統での在庫が必要になるからかえって追加的に保管費用を負担せねばならない。むしろ輸送時間の短縮という点では、在庫を分散して保有し顧客の近くから迅速に配送することも考えられる。

▶ 宅配事業者の新ビジネス

　ネット通販市場が拡大すると顧客への小口輸送市場も拡大するから、宅配事業者にとっては大きなビジネスチャンスとなる。早くからネット通販が普

及したアメリカでも、大手物流会社の FedEx（フェデラルエクスプレス）社や UPS（United Parcel Service：ユナイテッド・パーセル・サービス）社の小口配送事業は拡大した。もっとも宅配事業者にとって、市場の拡大で宅配点数が増えるとしても、大手ネット通販事業者からの宅配サービスの受注は価格など取引条件の点で収益悪化要因となりやすい。むしろ宅配事業にとって、ビジネスチャンスは輸送サービスの提供だけでなく、マンパワーの不足する中小のネット通販事業者に代わって在庫管理や発送作業から最終的な代金収受に至る総合的な物流サービスを提供することにある。

たとえば、ヤマト運輸は電子商取引のシステム構築をサポートすることで総合的な物流業務の受託を目指している。それはネット通販サイトの立ち上げにはじまり、サーバの管理や、代金引換・クレジットカード決済・銀行振込み・郵便振替・コンビニ振込みなど多様な決済手段への対応、配送荷物の集荷依頼や配送状況の確認などが含まれる。

また消費者向けサービスの充実も図られている。配達予定の電子メールや SNS への送付やインターネット上での配達時間の指定、駅やスーパーマーケットなどへの宅配ロッカーの設置がその一例である。配達効率の向上はコスト削減につながるだけでなく、少子高齢化と人口縮小が続く日本でのドライバーなどの労働力不足の解消にも有効である。将来的には、受取人がもつ携帯電話の GPS（Global Positioning System：全地球測位システム）機能を活用した勤務先などへの自動的な転送サービスの提供や、家電リサイクルなど購入した新商品と引き換えに排出される品を還流させる静脈流通サービスの提供なども考えられる。

▶ 発送の迅速化

注文した商品が迅速に配達されることは買い手には好意的に評価されるが、そのために売り手が常に迅速に発送することは容易ではない。小規模事業者であればマンパワーの制約や、宅配事業者が引き取りにくる回数の制約があるし、大規模事業者でも注文件数の時間的な変動に対応することや、多数の

品揃えの中から注文品を適切にピックアップすることは容易ではないからである。また、ネットモールでも運営事業者は電子市場をサーバ上で管理しているものの、在庫管理や商品配送は出店事業者に任せている場合、迅速な発送をモールとして貫徹することは容易ではない。

　しかし発送時間の短縮のために、大手事業者やネットモールが集中在庫というネット通販ならではの在庫機能を活かした取り組みを進めている。たとえばアマゾンの「お急ぎ便」というサービスでは、一定の上乗せ料金か年会費を支払った顧客を対象に、迅速な配達を行っている。また自社の物流センターを自社サイトに出店している他事業者にも一部開放し、発送業の代行をすることで配送業務の効率化を目指している。あるいは楽天は自社で物流センターを設け、自らが売り手となっている書籍やDVDの注文日の当日発送を行うだけでなく、出店事業者の商品も取り揃え、短時間での発送や複数事業者の商品の同時配送を行う予定である。こうした動きは、手数料収入の拡大という目的もあるが、むしろ輸送を迅速化することで他の事業者と差別化をし、顧客の利便性を高め売上高を拡大する目的が主であろう。

▶　コンビニエンスストアの活用

　ネット通販は買い手の自宅への個別配送をすることが一般的であるが、日本の小売インフラを活かした輸送サービスも見られる。それは小商圏を強みに全国に張り巡らされたコンビニエンスストアの活用である。

　コンビニエンスストアは、商品の販売だけでなく公共料金の収受やチケット販売、宅配便の受付など多様なサービス業務を行ってきた。そこでネット通販でも購入代金の払込みに加えて、店頭での商品引き渡しサービスを行っているコンビニエンスストアもある。買い手にとって自宅への商品配達は便利ではあるが不在時の対応や防犯上の問題もあるため、年中無休で終日開いている自宅近くの店舗で商品の受け取りができることを便利と感じる場合もあるだろう。

　もっともコンビニエンスストアのネット通販関連ビジネスはあまり好調で

はない。たとえばコンビニエンスストア本部が行うネット通販はPR不足や取扱商品の魅力などの点で低調であるものが多い。また、チケットや音楽ソフトなどが購入できる店頭に設置されたキオスク端末の利用も家庭での高速インターネット接続が普及して消費者が自身のパソコンでネット通販をするのが容易になったこと、コンビニエンスストアは店舗運営の多くを必要最低限の人数のアルバイトが担っているので、顧客への端末操作などのアドバイスが必要なキオスク端末の活用をさほど積極的にアピールしていないことから、活発に利用されているとはいえない。

▶ 小口配送の外部不経済

ネット通販で物品を購入した場合、自宅あてに商品を配達してもらうことが一般的である。こうした宅配は、いながらにして商品を入手できることはもちろん、ネット通販事業者の競争とそこから配送サービスを受注したい宅配事業者の競争が激化している現在のところ宅配料金は比較的低額であるし、再配達などのサービスも充実しているので、消費者にとっては利便性が高い。しかしネット通販の普及でこうした小口配送が増加することは、個人レベルではともかく、社会全体にとって望ましいことばかりといえるのだろうか。たとえば誰もが店舗販売ではなくネット通販ばかりを利用して、小口配送を行う宅配業者のトラックが街中を頻繁に走り回るようになったら、渋滞や騒音、二酸化炭素の排出など社会に対する悪影響はないのだろうか。

ある経済主体の行動が、市場の因果関係なく他の経済主体の効用に直接影響を与えることを外部効果という。そしてその効果が経済主体にとって有利な効果を与えることを外部経済、不利な効果を与えることを外部不経済という。つまりネット通販の拡大による小口配送の増加が、渋滞や大気汚染など社会環境に与える悪影響は外部不経済である。

国土交通省が2001年に公表した新総合物流施策大綱では「社会的課題に対応した物流システムの構築」という節の中で、ネット通販に関連した社会的課題として、小口配送によって拡大するトラック輸送から生じるエネルギ

一問題と、地球温暖化や大気汚染等の環境問題を指摘している。都市間の幹線物流において、トラック輸送をできる限り鉄道や内航海運輸送に転換することをモーダルシフトというが、これをネット通販で一般的な宅配で進めることは難しい。また店舗販売であれば各地の店舗への大量一括配送がある程度可能であるのに対して、小口配送とくに時間指定配達や再配達のような小口の宅配サービスが充実することは環境問題に深刻な影響をもたらす[6]。この対策としては、前述したコンビニエンスストアの配達拠点としての活用や、ネットモールによる発送の集約化、あるいは各種コンテンツのデジタル化によるオンライン提供などが考えられる。

　同様の問題は宅配時に用いられる梱包資材の処理でも発生する。たとえば配達時に梱包を解くサービスの提供は、受領者の本人確認ができないとプライバシー侵害になりかねないが、梱包資材の回収を進めることで宅配業者による再利用や再資源化を促す効果が期待できるし、商品内容の確認という点でも有効であろう。

▶ 分散在庫型のネットスーパー

　家計支出の中でも食料品支出が占める割合は大きく、毎日の食事に必要な買い物は安定的に発生するから、ネット通販事業者の食料品や日用雑貨といった最寄品の販売に対する関心は強かった。1990年代の後半にはアメリカでWebvan（ウェブヴァン）社やStreamline（ストリームライン）社といったネット専業のスーパーマーケットが、地域ごとに流通センターを一つずつ設けたうえで、顧客の需要にこたえるべく多品種の在庫を抱えていた。食品のような最寄品では迅速な配達が要求されるから、書籍販売のように国内に一か所の配送センターを設けてそこから宅配便で配送するわけにはいかなかったのである。ところがこうした費用負担が重荷となり、両企業とも経営が破綻

6　多頻度輸送に関する同様の問題は、6章で考察するサプライチェーン・マネジメントやジャストインタイムにもあてはまる。國領英雄「社会との共生」國領編（2003）212頁所収は、「企業も個人もエゴを捨てて、あるいは効率性だけに頼らず、社会生活を維持していかなければならない」と指摘する。

してしまった。そこで店舗在庫をネット通販に利用する企業があらわれた。イギリス最大のスーパーマーケット Tesco（テスコ）は 2000 年には店舗を活用したネットスーパー事業を本格化した。注文を受けた商品を店頭でピックアップして直接配送するこの方法では、商品在庫についての追加投資が不要であるため、事業は早期に黒字化した。その後同様の手法を西友やイトーヨーカドーといった日本のスーパーマーケットの多くが採用している。

　たとえば西友は、多くのエリアでネットスーパーを展開している。これは会員登録をした顧客が西友ネットスーパーのウェブサイトから購入商品を選択し、支払方法と注文後数時間以降の配達時間を指定すると拠点となる最寄りの店舗から商品が配達されるものであり、いわば昔ながらの御用聞きスタイルを採用しているということができる。利用可能者は拠点となる店舗から数 km 以内程度の住民に限定されるが、取扱商品は生鮮食品を含む食品全般と一部の日用雑貨品であり、店頭に陳列された商品から注文品を取り揃えられ店舗から直接配送される。配送センターからピックアップするのでは店舗と二重の在庫負担となること、冷凍や冷蔵を要するものが多い食品では遠距離の配送は費用がかかること、注文から配送までの時間を短縮する必要もあることがその理由である。ネット通販では宅配事業者の利用が一般的であり自前で商品を配達するのはコスト高を招くおそれが高い。しかし、スーパーマーケットの客単価が通常 2000 円台であるのに対して、西友ネットスーパーは購入価格に応じて配送料を徴収しているため、配送料無料とするためのネットスーパー利用者の客単価の上昇が期待でき、コストに見合う売上高の確保が見込まれる。

　なお通常のスーパーマーケットでは一般的には牛乳や豆腐といったチルド品や生鮮食品の売上点数が多い。しかしネットスーパーで売れ行きのよいのは米、ティッシュペーパー・トイレットペーパー、ペットボトル飲料といった重いもの、かさばるものであり、比較的保存のきくものが多い。この点で顧客の新たな需要を掘り起こすことができるというメリットもある。また顧客層としては、共稼ぎ世帯や乳幼児のいる世帯といった日常的な買い物が困

難な人々が比較的多い。また高齢者へのネット通販利用の普及によって、同様の問題を抱える高齢者ユーザーの開拓も期待できる。

　スーパーマーケット商材の宅配事業は、従来から地域生協も積極的に行っている。しかし地域生協の多くが配送までに時間を要したり時間指定が困難であったりするのと比較して、ネットスーパーでは注文後、数時間後以降の指定した時間帯での商品受け取りが可能である。このような利便性の高い配送が可能になったのは、配送センターで在庫を一括管理するのではなく顧客に近接した店舗で陳列されている商品を直送しているからである。つまりネット通販で一般的な集中在庫ではなく、分散在庫にしたことがネットスーパー市場の拡大に貢献しているということができる。また利用者を店舗の近隣住民に限定しているが、これはセブン−イレブンやイトーヨーカドーが共同配送センターから一定の時間で到着できる圏内に集中的に出店するドミナント方式を採用しているのと同様の理由であると考えることができる。分散在庫型のネットスーパーでは、店舗を配送センターに見立てて近隣顧客への密度の濃い効率的な物流網を構築しているということができるのである。

3.　デジタルコンテンツの物流

▶　情報財の特質

　音楽や映像のようなデジタルコンテンツは、形のある有形財ではなく、オンラインネットワークを通じて入手可能な無形の情報財の一つである。ここでデジタルコンテンツとは、ネットワークを通じて配信され、パソコンや携帯電話などの端末を通じて入手可能な情報財のことをいう。具体的には電子書籍、音楽、映像、ニュース等のテキスト配信、SNS（Social Networking Service）上で用いられるアバターやオンラインゲームで用いられるツールが含まれる。

　情報財の特質は第一に、オリジナルのコピーが容易なので複数人がそれを共有できることである。これは、一人が利用していると他者はそれを利用で

きない排他性という特質をもつ有形財と大きく異なる。

　この特質のために情報財は、対価を払わずともそれを利用可能になってしまうという非排除性や、多数の人がそれを同時に利用できるという非競合性をもつことになる。これらは政府が提供する警察や消防、道路といった公共的なサービスである公共財に類似する。しかし課税という強制力によって運営コストを捻出できる政府と異なり、情報財の提供によってビジネスを成立させようとする企業にとっては、利用者が無償で利用しようとする「ただのり（フリーライド）」を防ぐ必要がある。そこでとりうる一つの対策が、情報を書籍やCDなどのメディアにパッケージすることによって、それを入手しなければ情報を利用できなくする有形財化である。もう一つの対策は、インターネット接続の際にパスワード登録を要求するような、特定のメンバーだけがその情報にアクセス可能にするクラブ財化である。さらにもう一つの対策が、無断でのコピーや使用を著作権法違反とするような法律による保護である。ただしこれは立法という政府による関与が必要となる。

　ところで共有可能という特質によって情報財は、ネットワーク外部性という効果ももつことになる[7]。ネットワーク外部性とは、ある財を利用するユーザーにとって利用者が増えれば増えるほどその財の利便性が向上するというものである。たとえば電話回線は、その利用者が一人であるときは誰と通話することもできないから何の便益ももたらさないが、利用者が増えていくにしたがって、通話可能な回線は飛躍的に増えることになる。このような効果は、ネットワークの価値は参加者数のおおむね2乗に比例するというメトカーフの法則としても知られている。

　また電話やSNSのように利用者が増えれば増えるほど他の利用者の便益が増すものを直接的ネットワーク外部性、ネットショッピングモールのように買い手が増えると売り手にとっては集客力が増すことで当該モールに参加することの便益が増え、売り手が増えると買い手にとっては商品比較やつい

7　ネットワーク効果ということもある。

で買いなど買い物の利便性が増すような、別の立場の利用者の便益が増すものを間接的ネットワーク外部性ということもある。

　情報財の特質は第二に、追加生産に要する変動費が低いことによる平均費用の逓減である。図表3-2のように、生産者にとって初期投資に要する固定費は高いが、生産量が増えるほど平均費用は固定費の高さにかかわらず変動費に近似する。このためある情報財を大量に生産する場合、その生産コストは限りなくゼロに近づくので、無料ビジネスが可能となる。

　情報財の特質の第三は、使用価値の評価が事前には困難ということである。有形財は視覚や触覚など五感を通じて購入前の評価がある程度可能である。商品によっては成分表示もその助けとなる。しかし情報財は情報の内容自体が価値であり、入手しなくては評価できないが入手したならばその価値を失うことが多い。たとえば読み返したり保存したりすることの少ない新聞の場合、そこに載っている情報を読んでしまえば、もはやその新聞自体にほとんど価値はないことになる。ソフトウェアの使い勝手は使ってみなくては分からないが、それを使えるのであれば購入する必要がなくなる。この対策として、利用期間を限定したり内容を制限したりした試用品を提供することで利用者に実際に評価してもらうことがある。あるいはブランド力による消費者の信頼が期待できるので、積極的な広告を行って知名度向上を図ることが考

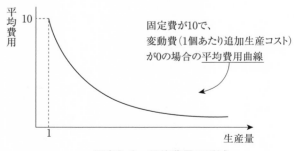

図表3-2　平均費用の逓減

えられる。

▶ デジタルコンテンツ

　パソコンおよび携帯電話向けなどインターネット等を経由した通信系コンテンツすなわちデジタルコンテンツの市場規模は、コンテンツ市場全体の31.1％となる3兆6784億円であり、ソフト形態別の市場構成比では、映像系ソフトが61.5％、テキスト系ソフトが29.7％、音声系ソフトが8.7％をそれぞれ占める[8]。近年のコンテンツ産業は、CDや書籍などのパッケージ流通からオンラインネットワークを通じて得られるデジタルコンテンツ流通への移行が見られる。都心に大型店舗を出店していた大手CDショップの閉店や音楽ソフトのダウンロード販売を中心とするアップル社のiTunes Storeの隆盛はそうした動きの一例である。一方で、書籍市場の減少傾向が続いているにもかかわらずオンラインコミックの販売額が増加しているように、従来とは異なる顧客層による異なるニーズが生み出されているコンテンツ分野もある。

　デジタルコンテンツはそのデジタル性ゆえにいくつかの特徴を有する。一つはコピーやダウンロードといった変動費がきわめて低額ですみ、大量生産によって平均費用がゼロに近づくことで、無料ビジネス化が可能になることである[9]。オンラインゲームやSNSのように、一般的なサービスを利用するユーザーには無料でのアクセスを可能にし、付加価値のあるサービスの希望者に対して課金を行うビジネスモデルを導入しやすい。この特徴は、当初は広告収入でビジネス化に成功したのちに課金制度を導入して売上ポートフォリオの分散を図る際にも有効である。また、パッケージ化された書籍やCDでは、メディア作成と流通にコストを要するために分割販売できなった情報財を、1章ごととか1曲ごとという形で販売することもできるようになった。

8　総務省（2019）248頁の指摘による。
9　従来のパッケージ化されたコンテンツ流通では公表する機会のなかった著作物が、インターネット上ではブログや動画投稿サイトを通じて多数流通している。デジタルコンテンツでは著作権者が対価を求めない著作物が多いことも低コスト化を促す効果がある。

たとえばアマゾンが一定額を支払う有料会員に対して一定の動画や電子書籍を自由に利用できるようにしているのは、視聴・閲覧コストがほとんどかからないことによる。この特徴を活かして低額でサービスを利用可能にするサブスクリプションサービスは、もともとは雑誌の定期購読に用いられることが多かったが、今日ではインターネット上のデジタルコンテンツをはじめ広範に活用されるようになった。

　もう一つの特徴はコピーの容易性である。インターネット上では動画共有サイトやファイル共有ソフト等を通じ、著作権侵害コンテンツが流通している。無断コピーというフリーライドを防ぐために、コピーできるメディアや回数を制限するコピーコントロールや、機器認証によるアクセスコントロールによってコンテンツを保護する方式が用いられている。

▶ 著作権保護

　著作物は著作権法によってさまざまな権利が認められる。ここで著作物とは、思想または感情を創作的に表現したものであって、文芸、学術、美術または音楽の範囲に属するものをいい、この条件を満たすものはたとえばインターネット上の書込みであってもその作者が著作権を有することになる[10]。著作権は特許権、実用新案権、商標権、意匠権などと並ぶ知的財産権の一つであり、知的財産権は、権利者に排他的権利を認めることで創作活動を促すことと、知的成果物の第三者による有効利用を認めることとのバランスを図って、社会全体の便益を大きくすることが重要である。著作権は、他の知的財産権と異なり登録や届け出などをすることなく発生する権利であるために、とくにインターネット上の情報流通で問題になりやすい。

　たとえば著作権者の許可なく動画を動画投稿サイトにアップロードする行為や、それをダウンロードする行為あるいはダウンロードはせずにインター

10　一例として、複数の投稿者がホテル情報を掲載するインターネット掲示板「ホテル・ジャンキーズ」に書き込んだ内容を、掲示板運営者らが出版した文庫本『世界極上ホテル術』に無断で転載されたとして、掲示板の投稿者が著者と出版社に対して行った損害賠償および当該書籍の出版差止請求を、東京地裁（平成13年（ワ）第22066号著作権侵害差止等請求事件）は認めた。

ネット上でストリーミング視聴する行為は許されるのか。著作権法は近年、規制強化される傾向にあるが、大枠としては、①第三者の著作物を無断で配信する側か、それを単に私的利用する側か、②無断利用する著作物か有償頒布されているか否か、③利用がダウンロードを伴わない単なる視聴かダウンロードか、によって問われる責任が異なる。

　前記の例でいえば、海賊版すなわち音楽や映像を著作権者などに無断で複製・配信した者は、刑事責任と損害賠償責任を中心とする民事責任に問われる。それが違法であることを知りながらダウンロードした者は、それが本来は販売または有料配信されているものであれば刑事責任と民事責任を問われ、販売または有料配信されていないものであれば民事責任のみを問われる。一方、ダウンロードせずに単にストリーミング視聴するだけの者は、著作権法違反にあたらず何らの法的責任も問われない。

　また、①過去の放送番組等をインターネット等で二次利用する際は、権利者が所在不明であれば、相当程度の探索の努力を行えば当該権利者の許諾なく利用可能とする、②検索サイトにおける情報の収集、整理・解析・検索結果の表示が著作権者の許諾を得なくても可能であることを明確化する、といった著作権法の改正が2009年に行われるなど、インターネット上での著作物の利用を促進する制度改正も行われている。

　一方で著作権という法制度の枠組みを超えた、知的財産の利用許諾に関する国際的な取り組みにクリエイティブ・コモンズがある。これは著作権者が、氏名や作品名の表示を要求する「表示」、営利目的での利用を制限する「非営利」、改変や加工を制限する「改変禁止」、改変した作品を公開する場合はもとの作品と同じ許諾条件でのみ行う「継承」の4種類の条件を取捨選択することで、自己の作品の使用条件を明示してインターネット上で公開することを念頭に置いた仕組みである。この仕組みは、作者が著作権を保持したまま許諾条件の範囲内で受け手に対して再配布や改変等の二次利用を認めることで、インターネットという開放的な場でデジタルコンテンツの活発な流通を促すことを意図している。

あるいは Linux（リナックス）のようなソフトウェアの世界では品質の改良と利用者の増加を達成する目的で、利用契約によって著作者の権利を守りながらもソースコードを無償で公開するオープンソースという概念が普及しつつある。こうした法的保護に過度に依存しないデジタルコンテンツ流通と事業化がさらに模索されることが望ましいと考える。

▶ 通信回線の高速化

　形のあるモノと異なり無形財はオンライン上で対象物を入手することで取引を完結することができる。たとえば、航空券やコンサートのチケット販売はインターネット上でのダウンロードや電子メールによって予約番号などを通知しておけば足りるからである。つまり有形財での宅配サービスと同様に無形財ではインターネットが「輸送」にあたる。したがって通信が安定かつ迅速に行われることは、リアルの世界の輸送と同様に重要となる。

　とくに高画質の映像や音楽のようなデジタルコンテンツを端末でダウンロードするためには、通信が高速で安定的に接続されることが不可欠である。またデータ量が大きくなるために、接続料金は従量制ではなく定額制で、低額であることが望ましい。

　インターネットの接続は普及した当初はアナログ固定電話回線を経由するダイヤルアップが主流であり、その後デジタル電話回線を利用する通信速度が速い ISDN（Integrated Service Digital Network：総合サービスデジタル網）が1990 年代後半に個人ユーザーに普及した。さらに 2001 年頃から ADSL をはじめとする DSL 回線が普及し、低価格化が進んだ。ADSL は電話局からの距離や屋内配線の状況によって通信速度や回線品質の優劣の差が大きいという欠点はあるが、高速接続を意味するブロードバンドのはじまりとなった。その後、ケーブルテレビ回線や光ファイバも一般化している。これらは、接続料金は ADSL と比較して高額であるが、ノイズの影響を受けないので回線品質が安定するし、電話局からの距離の影響を受けないというメリットがある。

パソコン経由のインターネット接続は有線 LAN だけでなく、移動性の高い無線 LAN（Wi-Fi）も普及している。無線 LAN は端末の移動が容易で配線のわずらわしさがないという長所があるが、有線 LAN と比較して無線部分のセキュリティ対策が必要となる。公共施設やレストランなどでの公衆無線 LAN、無料 Wi-Fi スポットの中には通信内容が他人に傍受されるおそれがあるほか、公衆無線 LAN になりすましたアクセスポイントに誤って接続することで自己の情報が流出するおそれもある。また無線距離が長い場合や途中に障害物がある場合は電波環境の悪化により通信速度が落ちたり切断したりすることもある。

　携帯電話やスマートフォンで用いられる移動体通信は、おおよそ 10 年ごとに高速なものに世代交代が進み、2020 年から実用化する第 5 世代（5G）の通信速度は 10Gb（ギガバイト）毎秒で遅延が 1 ミリ秒程度と、それまでの第 4 世代（4G）の通信速度の 100Mb（メガバイト）毎秒で遅延が 50 ミリ秒程度と比較して数十倍を超える速度となる。これほどの高速通信は、スマートフォンでの動画視聴のような個人的利用を円滑にするというよりは、5 章で述べる自動運転のような新たな交通システムの構築や、遠隔地での医療行為、VR（Virtual Reality：仮想現実）や AR（Augmented Reality：拡張現実）を利用した観光疑似体験のような新規ビジネスの成長を促す可能性がある。

　他方で家庭電化製品などさまざまなモノがインターネットとつながる IoT のもとでは、LPWAN（Low Power Wide Area Network）という通信速度は遅いが、消費電力が低く遠距離通信を実現する通信方式も実用化されている。

4 章
情報の流れ

1. Web2.0 の活用

▶ 情報流とマーケティング

　商品流通における情報の流れ、すなわち情報流とは、売り手と買い手との取引過程や契約成立に付随して発生する情報が、関係者の間を流通するものである。これまでの店舗販売でも情報流は活発になされており、買い手側から得られるさまざまな情報をマーケティング活動に活用する取り組みも進んでいた。

　顧客のニーズが似通っているような市場が同質的である段階や、競合商品が少なかったり市場が急成長していたりして需要が供給を大幅に上回っている段階では、マス・マーケティングが有効に作用する。しかし顧客のニーズが多様化し、供給が需要を上回るような市場の成熟期になってくると、競合商品との違いを強調しその特長を好む顧客層に売り込む必要が出てくる。市場を何らかの基準で細分化して、その中から特定のセグメントにターゲットを絞ったセグメント・マーケティングを行う必要が出てくるのである。

　ところが適切なセグメンテーションを行うことは容易ではない。メーカーは多くの場合、間接流通を採用しているために消費者との接点が少なく、アンケート等の市場調査によって収集できる顧客情報には限りがあるし、そこで得られる顧客ニーズや心理的な態度が、実際に購買行動に結びついているかを検証することも難しい。

また顧客との直接的な接点をもつ小売業であっても、顧客情報を収集できるとは限らない。もちろん伝統的な小売業では、御用聞きのように顧客のニーズを熟知している場合がある。今日でも宝飾品や自動車など高額商品を販売する小売業であれば、顧客の数が限られており高いコストをかける余地もあるので、営業担当者が顧客ごとの嗜好や購買履歴を把握して個別アプローチをしている場合が多い。しかしスーパーマーケットのようなセルフサービスの小売業態では、顧客個々のニーズを把握することはもちろん、誰が顧客であることすら知ることは容易ではない。ところがこうした問題意識のもとで顧客情報の収集を容易にする仕組みがあらわれた。

　その一つが、FSP（Frequent Shoppers Program）である。FSP とは、小売企業が新規顧客の囲い込みや既存顧客のヘビーユーザー化を目的に購入金額に応じてポイントを付与する会員制度である。低コスト運営と薄利多売を特徴とするチェーンストアが、高い人的コストをかけずに顧客満足を高め販売促進につなげるために、大量の顧客情報のデータベース化を行っている。FSPでは顧客情報の収集方法は大きく2つに分類することができる。一つは、会員カードの申込書への記入などを通じて顧客の年齢・職業といったデモグラフィック（人口動態的）属性を収集したり、趣味・嗜好といったサイコグラフィック（心理的）属性を収集したりする方法である。もう一つは、会員カードを購入商品の清算時にスキャニングすることで顧客ごとの購入商品やその金額、店舗への来店頻度、商品の使用頻度といった行動属性を収集する方法である。FSP を設けている小売業の多くが、直接的な値引きのかわりにポイントを付与することで販売促進に利用するにとどまっているのが現状であるが、こうした大量の顧客情報は、優良顧客の優待、品揃えや商品陳列位置の変更、オリジナル商品の開発などさまざまなマーケティング活動に利用することが可能である[1]。

　売り手と買い手との間の情報交換がすべてデジタルデータで行われるネッ

1　店舗販売における顧客のデモグラフィック属性や購買履歴を活用したマーケティング活動の実践例に、清水（2004）や流通経済研究所編（2003）がある。

ト通販では、店舗販売と比較して情報流が飛躍的に増加することはいうまで
もない。店舗販売であれば目視、口頭、書類で行っていた購入点数や金額、
他の購入商品、比較対象とした商品の一覧など取引に関するあらゆるデータ
がサーバ上に記録されるからである。とくに消費者側からの情報発信が容易
になるために、個別性の高い情報が得られるので、これをマーケティング活
動に活用する方法も増えている。

　さらにインターネット上では多様な情報がデジタルで発信されるので、ネ
ット通販の購入履歴にとどまらないデータ活用も行われる。たとえば利用者
のウェブサイトアクセス履歴やSNSでの発信情報に基づいて、その閲覧サ
イト上にインターネット広告を配信することがある。かつてと比較してはる
かに多量かつはるかに多様な出所からの情報蓄積という点で、量的にも質的
にも凌駕したデータのことをビッグデータということがあるが、これらのネ
ット通販に結び付く情報もビッグデータの一部を構成している。

▶ マスカスタマイゼーション

　大量の顧客情報の収集と蓄積が可能になったのは、電子媒体や情報技術の
進展によって物理的に低コストで、大量の情報を迅速に収集・伝達すること
ができるようになったからである。書類に記入された顧客情報のデータベー
ス化は、転記が必要であるためコスト増加要因となるが、ネット通販ではす
べての情報がデジタルデータで入力されるから、データベース化も容易であ
る。またハードディスクの価格低下やコンピュータの処理性能の向上によっ
て、データを蓄積し分析することも容易になった。顧客への個別対応が、あ
たかも工場の大量生産のプロセスのように容易になったのである。

　顧客の多様なニーズを満たすために行われる個別対応をカスタマイゼーシ
ョンというが、大量生産・大量処理のマス型のアプローチをとることによっ
てそれを低コストで実行することをマスカスタマイゼーションという。

　マスカスタマイゼーションは、生産活動ではデルのパソコンの受注生産が
一例である。販売活動ではウェブサイトにログインしたときに、過去の購入

履歴や商品の閲覧履歴を表示したり、特定の商品を選択したときに、関連する商品を表示したりする例がある。またアマゾンが行っているような顧客ごとのニーズにあわせたおすすめ商品を提示することで、個々の顧客に対応した売場をホームページ上で提供することも可能となる。これは協調フィルタリングという手法である（図表4-1参照）。

　協調フィルタリングは、ある人物の嗜好について、その人物と類似した嗜好をもつグループの選択を参考に予測するマーケティング手法である[2]。たとえば、顧客の選択商品についてのデータベースがあったとき、a, b, c, …, nという商品群を選択する顧客グループ X があることが分かったとする。次に新たな顧客 Y が商品群 a, b, c を好むことが分かったとき、Y が顧客グループ X と同じ嗜好をもつと判断して、Y がまだ選択していない商品 n を推奨するものである。

▶ オンラインアンケート
　企業はインターネットのデジタル情報の双方向性を利用してさまざまな調査や広告を行っている。その一例に、インターネットでアンケートに回答するオンラインアンケートがある。アンケートには誰でも応募できるオープン

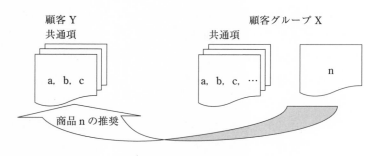

図表4-1　協調フィルタリング

2　古川・守口・阿部（2011）が協調フィルタリングのほか、データベースを活用したさまざまなマーケティング手法を解説している。

型と、サンプリングによって選ばれた人だけが回答できるクローズド型があり、回答者には謝礼が支払われるものが多い。オンラインアンケートは回答がデジタルデータによってなされるから、集計までの時間が紙ベースの回答に比べて大幅に短縮できるうえ、郵送費や印刷費などの費用がかからないので低価格で調査を実施できる。そのため従来から郵送調査やグループインタビューを行ってきた既存の調査会社だけでなく、ポータルサイト運営事業者などインターネット関連企業もオンラインアンケート事業に参入している。

　また、インターネット上の広告の効果測定を行うために、テレビと同様のインターネット視聴率調査も行われている。これは募集した調査パネルに、データを収集するためのソフトを自分のパソコンにインストールしてもらい、どのサイトを何秒閲覧したかを記録してデータ管理サーバに送信するものである。また再訪問率や他の競合サイトからどれだけアクセスを奪ったかを示す顧客転換率を追跡する調査も行われている。

▶ＣＧＭ

　インターネットの情報の双方向性が強くあらわれているウェブサイトがブログである。これは個人が作成する日記のようなウェブサイトである。また個人がより本格的なウェブサイトを開設する場合もあるし、逆に 100 字強の短文を投稿するミニブログとでもいうべきツイッターや、写真投稿が中心のインスタグラムのような SNS も存在する。

　このように消費者が主体的な情報発信を行う場のことを CGM（Consumer Generated Media：消費者生成メディア）という。CGM には、消費者が自らウェブサイトを開いている場合のほか、クチコミサイトや SNS、インターネット上で百科事典サービスを提供する Wikipedia（ウィキペディア）や質問サイトも含めることができる。

　CGM は消費者サイドの主体的な表現の場であるから、これを企業がマーケティング活動に利用することは慎重を要する。たとえば企業側のやらせでの書き込みのように、マーケティング活動であるとの体裁を隠すステルス・

マーケティングであることが露見すれば激しいバッシングを受けることになりかねない[3]。しかし、不特定多数の消費者の生の意見に触れることができるという点では、企業にとっての有効性は高い。こうした情報をクレーム対応や商品開発に活かすことも可能であろう。

2. インターネット広告

▶ インターネット広告の特徴

　電通が毎年公表している「日本の広告費」2018年によると、4大マス媒体といわれるテレビ、新聞、雑誌、ラジオの広告費の減少が続く一方で、インターネット広告市場は拡大し、販売時点に密接した景品提供やPOP（Point of Purchase：販売時点）広告のようなセールスプロモーション市場も4大マス媒体と比較して堅調である。

　この背景には広告活動の成果指標が、テレビ広告の契約で用いられることが多い延べ視聴率（GRP：Gross Rating Point ともいう）のような認知率向上から、実際の販売結果への還元率にシフトしてきたことがあげられる。

　インターネット広告の特徴は、第一は情報の双方向性である。インターネットはウェブサイトの開設者や電子メールの発信者が情報を一方的に伝えるだけでなく、情報の受け手からのフィードバックも容易である。これを利用して、マス広告だけでなく、ユーザーの求める情報に対応しカスタマイズされた広告を発信することが可能である。

　第二はターゲティングの容易性である。インターネットは、消費者が検索や入力をすることでウェブサイトを閲覧するものであるから、その関心によって顧客をセグメンテーションすることが容易になる。

　第三は広告効果の測定容易性である。インターネット広告はそこにアクセ

3　店の評価を上下させる目的で虚偽の情報を投稿するヤラセクチコミは、消費者庁（2012）「インターネット消費者取引に係る広告表示に関する景品表示法上の問題点及び留意事項」にあるように、景品表示法違反に問われるおそれがある。

スした利用者のその後の行動を追跡することが容易であるため、成果報酬型広告も可能である。マス広告市場が縮小している理由の一つに、広告の出稿によって消費者の関心がどれだけ高まり、売上がどれだけ増えたかが明らかになりにくいという費用対効果の不明確さがある。一方、インターネット広告は、ページビュー数やクリック回数だけでなく、売上高や成約件数、資料請求件数など広告表示がその後の成果指標にどれだけ還元されたかというコンバージョン率を測ることが容易である。

広告表示方法は、パソコン・スマートフォンの性能やインターネット技術の進化と高速回線化により、テキスト広告から画像、動画へとリッチコンテンツ化の方向で進化してきた。あるいは写真のようなリアルな情報に文字情報を重ね合わせることで複合的な情報を与える AR（Augmented Reality：拡張現実感）技術や、ウェブサイト上の情報を第三者が利用するための API（Application Programming Interface）技術などさまざまな技術を活用して、広告手法が多様化してきた。

▶ マス型広告

インターネット広告の中でも初期から存在するものが、ウェブサイト上の一定スペースに広告を表示するバナー広告である。同種の広告はオンラインゲーム内に掲載される広告など表示場所は多岐にわたるし、リンクによって自社のウェブサイトに誘導するなど、広告内容を充実させることも可能である。バナー広告は表示回数によって広告費が発生するペイパービュー（pay per view）や、クリック回数によってカウントするペイパークリック（pay per click）がある。こうした広告費体系ではバナー広告の閲覧者のターゲットが絞り込まれているほど広告効果が大きいと考えられるので、ヤフーのポータルサイトのような不特定多数がアクセスしうるトップページよりも、特定のトピックスを扱った深い階層に広告を表示する方が、一回あたりの広告費が高くなることが一般的である。

電子メール広告は、消費者が事前に登録した属性や利用履歴に基づいたマ

スカスタマイゼーションやターゲティングが可能であるため頻繁に利用されている。郵便を利用したダイレクトメールと異なり、一人あたりの追加コストが低い点が有効である。しかし受信者に事前に了解を得ておく必要がある[4]。

　地図連動型広告はアクセスのあった端末を IP アドレスや無線 LAN の接続情報である程度予測したり、携帯電話基地局の位置情報や GPS 機能を利用したりして広告を送るものであり、地理的属性に基づくターゲティングである。店舗販売や外食サービスのようなリアルでの購買行動は商圏の制約を受けるために、地理的制約がないというインターネットの強みから外れて、あえて地理的属性で細分化する点が特徴的である。

　広告対象者をあまり絞り込まないこうしたインターネット上のマス型広告は、同様のマス型広告であるテレビ広告や新聞広告と連動するクロスメディア広告が行われることもある。たとえば新聞広告にウェブサイトの URL や二次元バーコードを表示しているものがこれにあたる。

▶ キーワード検索連動型広告

　キーワード検索連動型広告とは、ユーザーが検索エンジンに入力したキーワードに関連する広告を検索結果とともに表示するものであり、たとえば検索画面の上部と右部分に数件の広告リンクが表示される。検索サイトの運営事業で高いシェアを有するグーグルやヤフーにとって、この広告収入は大きな収益源となっている[5]。広告スペースへの出稿は入札制をとることがあり、その場合は広告主が広告を表示させたいキーワードに対して支払うクリックあたりの広告費を入札し、原則として高額入札者が落札することで広告表示のスペースが確保されることになる。

4　特定電子メールの送信の適正化等に関する法律（いわゆる迷惑メール規制法）の改正により、受信を拒否した者に対して広告メールを送ることを禁止するオプトアウト規制が、あらかじめ送信に同意した者にのみ広告メールを送ることのできるオプトイン規制へと強化された。

5　NHK 取材班（2007）は、検索連動型広告などインターネット上の広告ビジネスで急成長を遂げたグーグルのビジネスを紹介している。

誰もが関心をもつキーワードに対する広告表示は、出稿希望者が多いので
クリック単価が上昇しやすいうえに、関心の薄い消費者のアクセスが増える
おそれが高まる。しかし、キーワードを狭い範囲のものにしたり、他企業が
関心をもちにくいものにしたりすることで、広告予算の少ない広告主でも出
稿が可能となり、そうしたキーワード検索をした消費者のアクセスに限られ
るから広告がクリックされた場合は高い反応率が期待できる。

　広告費を払って検索結果の目立つ部分にスペースを確保できるキーワード
検索連動型広告と異なり、通常の検索結果画面では、無数のウェブサイトが
検索されるため、そこから自社のウェブサイトに消費者を誘導することは容
易ではない。そこで検索結果で上位に表示されるために自社のウェブサイト
上に検索エンジンの反応が高まるようにさまざまな操作を行う SEO（Search
Engine Optimization：検索エンジン最適化）を行う企業や、それをサポートする
コンサルティング会社もある。

▶ 成果報酬型広告

　アフィリエイト（Affiliate）とは、インターネット上のウェブサイトでなさ
れる広告の一形態であり、インターネットユーザーが閲覧したウェブサイト
上に広告として表示されたリンクをクリックすることで広告主のウェブサイ
トに誘導され商品購入や資料請求等に至った場合に、広告主がリンクを表示
したウェブサイトの運営者に対して、ユーザーの購入金額等に応じた成果報
酬を支払うものをいう[6]。

　一般的にいって、広告は商品の認知や販売額の増加を目的として行われる
が、広告費の増加と販売額の増加との因果関係を明確にし、広告の費用対効
果を客観的に評価することは難しい。これはインターネット上の広告として
行われるバナー広告や電子メール広告、検索連動型広告においても同様であ
る。しかしアフィリエイトは、広告主が広告媒体となったウェブサイト運営

6　アフィリエイトとこれにやや類似した特徴をもつドロップシッピングの法的問題点については
　丸山（2008）参照。

者（以下、アフィリエイターという）に対して、ユーザーへの販売金額の数％といった成果報酬を支払うものである[7]。このためアフィリエイトは、広告主にとっては広告宣伝とともに販売促進としての機能も有しており費用対効果が明確になる点、ウェブサイト運営者にとっては日記形式のブログなど個人のウェブサイト上で商品紹介に工夫をこらすことで手軽に報酬を得ることができる点で、利用が活発化している。

アフィリエイトの関与者としては図表4-2左のように、広告の対象となる商品を販売する広告主、広告となるリンクを表示するアフィリエイターの両者が不可欠であり、①〜⑤の順に取引が行われていく。しかし図表4-2右のように、広告主に広告媒体を紹介しアフィリエイターに広告主やその販売商品を紹介することで両者を仲介する広告代理店としての性格を有するアフィリエイト・サービスプロバイダが存在する場合も多く、この場合の取引は①〜⑥の順に行われていく。またアフィリエイト報酬の発生には商品購入等を行うユーザーの存在が必要となる。

ネット通販事業者が、第三者のウェブサイトから自己のウェブサイトへの

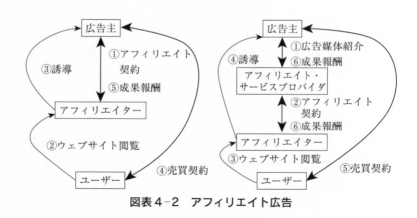

図表4-2　アフィリエイト広告

7　グーグルが提供する Google AdSense もアフィリエイトの一種と考えることができるが、広告のクリックによって広告費が発生する点、ウェブサイトの内容に応じて表示される広告が変わる点が異なる。

アクセス増加を目的として、自己の取扱商品のデータベースを利用するためのプログラムを公開する事例が増えているが、これは前述した API の活用によるものである。こうした技術の活用で、個人でも自己のウェブサイト上への商品情報の表示が容易となったことが、アフィリエイトの普及を促している。

　個性的な商品推奨を特徴とする個人によるアフィリエイトのほか、クレジットカード会社や航空会社等の大手事業者も、ユーザーに成果報酬の一部をポイントやマイルとして還元するポイントサイトとよばれる形式でアフィリエイト広告に参入しており、アフィリエイト広告市場は活況となっている。もっともネット通販市場が成長期にある現在は、販売事業者は競争上活発な広告を行っているが、将来的に市場が成熟して事業者の販売シェアが上位集中化するような段階に至ると、アフィリエイト広告の利用も消極化する可能性はある。

▶ 行動ターゲティング広告

　個々人に関する情報をパーソナルデータということがあるが、デジタルで記録されたものをライフログという。インターネットの利用によりサーバに蓄積されるライフログには、ウェブサイトの閲覧履歴、ブログなどへの入力履歴、ネット通販での購入・決済履歴、携帯電話の GPS 機能で把握できる位置情報などがあり、これらも広告活動に利用される可能性がある。このうち、一つの端末からさまざまなウェブサイトにアクセスした閲覧履歴を活用したマーケティング手法が行動ターゲティング広告である。

　行動ターゲティング広告とは、インターネット上のサイト閲覧や商品購入等の行動履歴のデータベースから、利用者の関心や嗜好を分析してグループ化し、グループごとに高い反応が期待される広告を表示するものである。これは利用者がターゲティング広告配信事業者の管理するウェブサイトにアクセスした際に、パソコン経由で用いられるクッキーや携帯電話経由で用いられる契約者固有 ID といった端末を識別する仕組みを用いて、利用者がそう

したウェブサイト上で行ったすべての閲覧や入力履歴からグループ化するものである[8]。つまり広告配信事業者にとっては、多数のウェブサイト開設者と契約して広告スペースを開拓することが、利用者のより精緻なグループ化を可能にし、高い広告反応率を可能にする。

　しかし行動ターゲティング広告は、利用者のプライバシーとの関係が問題になる。実際にアメリカではインターネット広告の Double Click（ダブルクリック）社が行った同種の行動が 2000 年に社会問題化している。日本では、行動ターゲティング広告で蓄積される行動履歴は氏名など個人を特定するものではなく、個々の端末を識別するにすぎないから後述する個人情報保護法の保護対象となるわけではない。しかし個人が自らの情報をコントロールする権利であるプライバシー権が社会的に認められている今日、利用者に情報の取得方法や活用方法などの詳細を明示したうえで事前の承諾を得ておくことが欠かせない[9]。

3.　情報セキュリティと顧客情報

▶ 情報セキュリティ

　顧客情報は企業活動にとって有益だが、流出したり悪用されたりすると大きな問題が生じるのでセキュリティ対策が欠かせない。情報セキュリティとは、情報を扱う仕組みが、情報の機密性、完全性、可用性を維持することである[10]。そしてこの 3 要素を達成することで正当な権利をもつ者が、情報やシステムを意図どおりに制御できることになる。ここで機密性とは、アクセ

8　クッキー（Cookie）とは、ウェブサイトにアクセスしたユーザーの情報をパソコンやスマートフォンなどの利用端末上に一時的に保存する仕組み、またはそのデータのことをいう。ID やパスワード、メールアドレス、アクセス日時やアクセス回数などがユーザー情報として保存される。たとえばネット通販サイトにアクセスしたとき、すでにログイン状態になっていたり、以前カートに入れた商品がそのまま残ったりしているのは、クッキーの機能による。また企業側もユーザーの購入履歴やアクセス履歴などを把握することができる。

9　ネットワークを流れるパケットの情報を解析してアクセス履歴や検索キーワードを抽出することのできる DPI（Deep Packet Inspection）技術を用いた行動ターゲティング広告については、憲法が定める通信の秘密に反するおそれもある。

スを許可された者だけが、情報にアクセスできるようにすることである。また完全性とは、情報や情報の処理方法が正確で完全であり、改ざんされていないようにすることである。そして可用性とは、許可された者が、必要なときに情報に確実にアクセスできることである。情報セキュリティは厳しければいいというものではない。たとえば、情報セキュリティを高めるため、「顧客情報を社内で一切活用しない」と決めた会社は、機密性や完全性が高まるとしても、可用性が低まり、情報を適切に利用できないことの不利益が高まる。顧客情報を扱う企業としては三者のバランスをとって収益最大化を目指すことが重要である。しかし、相次ぐ顧客情報流出事件の報道や、プライバシーに対する意識の高まりによって、求められる情報セキュリティの水準は上昇する傾向にあるといってよい。

　情報セキュリティに対するリスクには外部からのリスクと組織内部に存在するリスクとがある。前者は主にインターネット経由により、ウイルス、スパイウェアなど不正プログラムの総称であるマルウェアや、外部からの不正アクセス、サーバと外部との通信妨害などがある。また後者は、組織としてのセキュリティ投資の不足や、構成員のセキュリティモラルの欠如やITリテラシーの不足などがある。情報漏洩の多くは、情報技術の瑕疵につけこんだ外部からのものよりもむしろ、組織内部からの人為的原因にあることは注意が必要である。

▶ 情報収集のコスト

　今日、企業が顧客情報を大量に収集・蓄積する傾向が強まっている。これは、企業が顧客への個別対応を行う必要性から積極的な意図でなされている場合もある。しかし顧客からの情報発信が増えたことでデータを収集することが容易になり、記憶装置の低価格化によりデータの蓄積が安価でできるようになったからとりあえず収集・蓄積しておくという消極的な意図でなされ

10　情報セキュリティについては情報処理推進機構（2018）が参考になる。

る場合も多い。しかし、インターネットは機密保護や認証に優れた専用回線と比較して、セキュリティ面の問題点が多いため情報漏洩の危険性が高い。そしてもし個人情報が外部に流出すれば、企業が法的・道義的に責任を負うことになる。そこで顧客情報を収集するに際してはこのような情報収集に内在するリスクにも留意する必要がある。それは、個別対応を行うことで不可避的に発生する、顧客のプライバシーとの調整である。

　序章で取り上げたアマゾン社のように、書籍購入時に自分の関心のある書籍を紹介されるだけであれば抵抗を感じる顧客は少ないだろう。しかし、たとえば医薬品や老人用オムツの購入者に医療や介護関係のサービスを紹介することになれば、プライバシーの侵害と感じる顧客が増えるはずである。つまり、顧客に対する個別アプローチはどこまで許容されるのか明確にするためにも、個人データの収集や利用についてあらかじめ本人の了解を得ることが必要になるのである。

　ここで重要なことは、個人情報を収集するコストとして、物理的コストと法的コストの両者があることを認識することである。前者はデータの送受信やサーバ、ハードディスクの購入など情報を収集・蓄積・管理するために生じるコストであり、後者はトラブル発生時の訴訟費用や損害賠償金、それらを回避するために法律に基づいて行われる予防策に対して支出される費用である。

　近年、情報技術の発展により物理的コストは加速度的に低下してきた。しかし法的コストは情報保護の法整備が進み、情報管理に関するさまざまな義務規定が課され、トラブル回避のための基盤整備が必要となった結果、逆に上昇傾向にある。つまり図表4-3に示したように、個人情報の収集で生じるコストは、物理的コストと比較して法的コストのほうが高い。したがって、物理的には低コストだからといって無闇に情報を蓄積するのではなく、重要な情報のみを厳重に管理することが法的コストを増加させないためにも必要となっている。

図表 4-3　個人情報の収集で生じるコスト

▶ 個人情報保護制度の変遷

　1970年代になって情報技術の進展とともにオンライン・ネットワークが普及しはじめると、物理的に低コストで大量の個人情報を収集・蓄積することが容易になった。このことは個人の社会生活にさまざまな便宜をもたらす一方で、プライバシーの侵害という問題を顕在化させることとなったので、ヨーロッパを中心に多くの国で個人情報保護法制が整備された。そのため個人情報の取扱について各国間で整合性をとる必要が生じてきたので、OECD（Organization for Economic Cooperation and Development：経済協力開発機構）は1980年に「プライバシー保護と個人データの国際流通についてのガイドラインに関する理事会勧告」を採択した。この勧告は、個人データとは識別されたまたは識別されうる個人に関するすべての情報であると定義したうえで、個人情報の取り扱いに関する8原則（以下、OECD8原則）を提唱している[11]。以上の8原則はその後、日本も含め各国の個人情報保護制度に影響を与えることとなった。

　1990年代半ば以降、インターネットが普及しネット通販が活発化すると、個人情報保護の重要性がさらに増すこととなった。事業者がインターネット

11　①個人データは適正・公正な手段によって本人に通知しまたは同意を得て収集されるべきであるとする「収集制限の原則」、②データは利用目的に沿うもので、かつ正確・完全・最新であるべきとする「データ内容の原則」、③収集目的を明確にし、データ利用をその目的に合致させる

を介して得たデジタル化された個人情報をマーケティング等に利用することは、個人にさまざまな便益を与える一方で、本人の同意なく個人情報の流通や使用がなされる危険性が高いからである。EC（European Community：欧州共同体、現 EU〔European Union：欧州連合〕）は 1995 年に採択した「個人データ処理に係る個人の保護および当該データの自由な移動に関する EC 指令」で加盟国に対して、OECD8 原則の具体化、個人情報監督機関の設置、義務規定違反時の制裁の導入、適切な個人情報保護措置を講じていない第三国への個人情報の移転規制、などを内容とする国内法の整備を義務づけた。この移転規制はのちの日本の個人情報保護法制にも影響を与えることとなった。以上のような EU 各国の情報保護法制は、一つの法律で公的部門と民間部門の双方を対象とするオムニバス方式の立法形式を採用している点に特徴がある。

　これに対してアメリカでは、公的部門に対する個人情報保護法制はあるが、民間部門に対する包括的な法制度はなく、原則として自主規制にゆだねつつ、とくに必要性の高い分野については個別法を設けるセクトラル方式を採用している。主な自主規制としては、1998 年に業界団体や企業の設立したオンライン・プライバシー同盟が策定したインターネット用のプライバシー・ポリシー・ガイドラインや、プライバシー保護や広告の真実性確保を目的に設立された BBB（Better Business Bureau）が、一定の個人情報保護基準を満たした企業を認定するプライバシー・シール・プロジェクトを実施している。2016 年の米国大統領選挙には、Facebook 社の数千万人の個人情報が英国コンサルティング会社に流出した事件が影響を与えたとされる。これを受けて、従来インターネット上の個人情報保護やオンライン・プラットフォームに対して産業界の自主規制を尊重していた米国でも規制強化が進む一因となった。

べきとする「目的明確化の原則」、④本人の同意がある場合、法律の規定による場合を除いて個人データを目的外に利用してはならないとする「利用制限の原則」、⑤合理的安全保護措置によって紛失・破壊・使用・修正・開示などから保護すべきとする「安全保護の原則」、⑥データ収集の実施方針などを公開し、データの存在・利用目的・管理者等を明示するべきとする「公開の原則」、⑦自己に関するデータの所在および内容を確認させ、または異議申立てを保証するべきとする「個人参加の原則」、⑧管理者は諸原則を実施する責任を有するものとする「責任の原則」である。

一方、日本では公的部門に対しては 1988 年に「行政機関の保有する電子計算機処理に係る個人情報の保護に関する法律」が制定されたが、民間部門についてはアメリカと同様、主に自主規制にゆだねられていた[12]。ところが、前述した 1995 年の EC 指令で第三国への個人情報の移転規制が設けられたことや、個人情報の漏洩事件が頻発したことに対応するため、個人情報保護法制の整備が検討され、2003 年に「個人情報の保護に関する法律」（以下、個人情報保護法という）が成立した。

▶ 個人情報保護法とその適用

　個人情報保護法の制定の目的は、「高度情報通信社会の進展に伴い個人情報の利用が著しく拡大している」今日、「個人情報の有用性に配慮しつつ、個人の権利利益を保護すること」（1条）にある。またその基本理念は、「個人の人格尊重の理念の下に」（3条）個人情報の適正な取扱を要求することにある。このことから本法は、個人情報の有用性を認める一方で、個人の権利利益が侵害されるおそれが増大していることにも配慮したうえで、両者を対等に比較衡量するのでなく、むしろ個人の権利利益の保護をより重視していると考えることができる。

　次に本法で保護されるべき個人情報とは、「生存する個人に関する情報であって、当該情報に含まれる氏名、生年月日その他の記述等により特定の個人を識別することができるもの（他の情報と容易に照合することができ、それにより特定の個人を識別することができることとなるものを含む）」（2条1項）である。また、個人情報を含む情報の集合物を「個人情報データベース等」（同条2項）、個人情報データベース等を構成する個人情報を「個人データ」（同条4項）と

12　具体的には、通商産業省（現、経済産業省）系の日本情報処理開発協会（JIPDEC）が、コンピュータ処理された個人情報一般を保護するため 1988 年に「民間部門における個人情報保護のためのガイドライン」を策定し、ガイドラインに従って個人情報保護に努める事業者を認定する「プライバシーマーク制度」が 1998 年にはじまった。これと並行して、郵政省（現、総務省郵政事業庁）も電子通信事業に関する個人情報を保護するため「電気通信事業における個人情報保護に関するガイドライン」を 1998 年に策定し、これを遵守する事業者を認定する日本データ通信協会個人情報保護登録センターが「個人情報保護マーク」を導入した。

定め、個人データのうちで個人情報取扱事業者が、開示・内容の訂正・追加または削除・利用の停止・消去および第三者への提供の停止を行うことのできる権限を有するものを「保有個人データ」としている（同条5項）。収集データをこのように細かく分類することの理由は、図表4-4から分かるようにデータの分類によって義務規定の適用範囲が異なるからである。なお本法の規制対象となる「個人情報取扱事業者」とは、個人情報データベース等を事業の用に供している者である（同条3項）。

また本法は第4章で、個人情報取扱事業者（以下、事業者）が遵守すべき義務について定めている。本法は基本原則として、利用目的による制限（16条）、適正な取得（17条）、正確性の確保（19条）、安全性の確保（20条）、透明性の確保（18条）について定め、個人情報を取り扱うものは基本原則にのっとり、個人情報の適正な取扱に努めなければならないとしている（3条）。さ

図表 4-4　義務規定の適用範囲

条　　　文	個人情報 （※1）	個人データ （※2）	保有個人 データ
15条（利用目的の特定）	○	○	○
16条（利用目的による制限）	○	○	○
17条（適正な取得）	○	○	○
18条（取得に際しての利用目的の通知等）	○	○	○
19条（データ内容の正確性の確保）	×	○	○
20条（安全管理措置）	×	○	○
21条（従業者の監督）	×	○	○
22条（委託先の監督）	×	○	○
23条（第三者提供の制限）	×	○	○
24条（保有個人データに関する事項の公表等）	×	×	○
25条（開示）	×	×	○
26条（訂正等）	×	×	○
27条（利用停止等）	×	×	○

（○は適用対象、×は適用対象外）　（※1）ただし個人データに該当しないもの
　　　　　　　　　　　　　　　　（※2）ただし保有個人データに該当しないもの

出所：岡村（2003）117頁を参考に筆者作成

らに事業者が個人情報を第三者に提供する場合、これが先々どのように流通し利用されるか不透明であるから、原則として事前の本人同意が必要となる（23条1項）。

　一方で、同法の規制を免れるためには個人情報を復元することのできない「匿名加工情報」（36条）にすればよい。匿名加工情報の定義が同法で明確になったことで、さまざまな手段で得られるビッグデータを企業活動に用いることの適法性の範囲が明らかになった。

　具体的には、ネット通販で売り手が顧客から収集した情報の取扱についていかなる点が問題になるだろうか、本法をあてはめて考えてみたい[13]。

　まず、顧客が商品購入時や記名式アンケートなどの際に登録する自己に関する情報は、氏名や住所、電子メールアドレスなど個人識別性を有しているから「個人情報」にあたるとともに、検索可能な「個人情報データベース等」として体系的に構成されるから「個人データ」にあたる。さらに個人データは事業者が継続的に利用するために内容の訂正、追加または削除を行うことができるから「保有個人データ」にもあたることになる。そして当該情報を蓄積している売り手は「個人情報取扱事業者」に該当するから、15条以下で定める各種の情報保護義務を負う。

　第一に顧客情報の利用に関して、事業者は利用目的を事前にできるだけ特定しておく義務がある（15条1項）。また個人データを第三者に提供する場合は原則としてあらかじめ本人の同意を得ておく必要がある（23条1項）[14]。したがって事業者が個人データをダイレクトメール発送など各種マーケティングに用いる場合はその旨の、他社とデータを共同利用する場合もその旨の同意を得ておかねばならず、個人データを本人に無断で第三者に売却することは許されない。もっとも取得データの管理を第三者に発注する場合は、「委

13　岡村（2003）211–217頁のケース・スタディを参考にした。
14　2019年に就職活動学生の辞退率予測データの外販を行ったリクルートキャリア社は、個人情報保護法20条で求められる安全管理措置を適切に講じておらず、23条1項の規定に基づいて必要とされる個人データを第三者に提供する際に必要な同意を得ずに第三者へ提供を行っていたことが個人情報保護委員会によって認定され、同法42条1項の規定に基づく勧告を受けた。

託」（23条1項4号）にあたるので、事前の本人の同意は不要となる。しかし事業者は発注先について監督責任を負う（22条）から、発注先の選定に十分な注意を払うとともに、委託契約に秘密保持、作業場所や担当者の限定、再委託禁止、データ複製の禁止といった内容を盛り込むことが必要となる。

　第二に個人データの保護に関して、事業者は安全管理措置を講じる義務がある（20条）。具体的には自社のサーバへのデータ送信時にはSSL方式を使用するなどしてウェブサーバの認証と通信内容の暗号化機能を設け、取得したデータを外部からアクセスできないようにファイアウォールを設けるといった手段によって、情報漏洩対策を行う必要がある。

　第三に、事業者は顧客から個人情報の取扱に関して苦情が発生した場合、適切かつ迅速な処理に努め、そのために必要な体制の整備に努めなければならない（31条）。したがって苦情対応のためのマニュアル作成や担当者の育成といった情報管理部門設置の追加的コスト負担が必要となる。しかしこのような対策を行うことなく個人データが漏洩した場合、事業者はいかなる責任を負うか。

　これまでも事業者は個人データ漏洩についてマスメディアで報道されるなど社会的非難を受けていた。しかし本法の施行によってこのような社会的制裁に加えて、事業者は20条が定める安全管理措置義務違反となり、それが従業員などの行為による場合は21条による監督義務違反、委託先の行為によるときは22条による監督義務違反となる。こうした違反は、個人情報保護委員会による報告要求（32条）、勧告・命令（34条）の対象となり、報告の懈怠または虚偽報告、命令違反に対しては罰則規定が課せられる（56条、57条）。

　また上記の義務違反によって民事上の損害賠償責任も負うことがある。この根拠法は民法709条の不法行為責任であり、従業者や委託先が漏洩した場合も事業者との間に実質的な指揮・命令関係があれば民法715条の使用者責任を追及されるおそれがある。

5 章
企業間電子商取引の概要

1. 企業間電子商取引の変遷

▶ インターネット普及前のEOS

　ネット通販はインターネットが普及した1990年代半ば以降に本格化したが、企業間取引における電子化はわが国では1970年代の半ばにははじまっていた[1]。それはスーパーマーケットやコンビニエンスストアなど大手チェーンストアと、その取引先である食品や日用雑貨といった消費財を扱う卸売業やメーカー業との間で構築されたEOS（Electronic Ordering System：電子的受発注システム）である[2]。これは小売業と卸売業、卸売業とメーカーといった商取引を行っている特定の2企業が、専用回線を用いて受発注データを送受信する個別的かつ専用的な仕組みであり、企業間でのデータ通信の自由化がはじまった1980年代から本格化した。

　EOSのはじまりは、1970年代半ばのチェーンストア内部で支店と本部との間のオンラインでのデータ交換である。消費財流通は、取引商品アイテム数が多く取引頻度が高いうえ、生鮮食品やチルド品のように納品を速やかに行う必要があり、取引単価が低いために業務の効率化・低コスト化を進める必要があったことから電子化への取り組みが早かった。しかし当時は法規制

1　一事業者内での電子化としては、1960年に当時の日本国有鉄道（国鉄）が運用を開始した座席予約システムのマルスがある（NHK「プロジェクトX」制作班（2004）参照）。
2　EOSの導入からEDIに至る変遷は、流通システム開発センター編（2008）が詳述している。

のために、データ通信は社内に限られ、企業間でのオンラインでのデータ交換は禁じられていたため、チェーンストア本部に集約された発注情報はいったん帳票に印刷されたり伝票に転記されたりしたうえで取引先にわたされていた。

　その後、1982 年に当時の公衆電気通信法が改正され、企業間のデータ通信が部分的に自由化された。さらに電電公社の民営化に伴い同法に代わって設けられた電気通信事業法によって 1985 年からは企業間でのコンピュータを介したデータ通信が全面的に自由化された。こうして EOS が本格的に導入されたことで、それまで書面や電話で行っていた受発注データを電子的に交換することが可能になったので、当時のコンピュータの性能から長時間を要した発注伝票の印刷や伝票の仕分け作業がなくなり、事務処理が迅速化・効率化することとなった。

　しかし同時に問題も生じた。一つは、業務効率化のもとに EOS の導入を進めた大手小売チェーンの仕組みは各社でまちまちであったために、各社と取引をする納入業者は取引先ごとにコンピュータを用意し、データ入力を行わなくてはならなかった。こうした状況を多端末現象ということがあるが、当時はメインフレームごとに開発されたソフトウェアが異なり、通信手順や入力方法が異なるためにこのような問題が生じたのである。もう一つは EOS の導入には専用回線の敷設など多額の投資が必要となるため、業務効率化を進める大手小売チェーンがシステム導入を求めても、中小卸売企業にとっては対応が容易でなかった。

　そこで通商産業省（現、経済産業省、以下同じ）は、地域ごとに異業種の中小卸売企業をまとめて、小売企業との地域流通 VAN（Value Added Network：付加価値通信網）の構築を推進した。VAN とは、NTT などの回線設備を保有する電気通信事業者から通信回線を借りた事業者が、データ交換などの通信処理機能を付加価値として通信回線の再販売をするシステムである。VAN も専用回線と同様のオンライン・ネットワークであるが、複数の企業が通信回線を共同利用できるので、単独で専用回線を利用する場合に比べれば低コ

ストでデータ交換をすることができる。この仕組みを各地域に設けることによって、資金力の乏しい中小企業も受発注データを電子的に交換することが可能になった。またメーカーと卸売業の間では業界ごとの業界 VAN が設けられた。流通業界の VAN では、日本チェーンストア協会（Japan Chain Stores Association）が 1980 年に導入した JCA 手順といわれる標準通信手順が用いられた。これが通商産業省によって 1982 年に J 手順として公表されたことで、次第に産業界全体で通信手順の標準化が進み、多端末現象の解決が図られたのである。

　ところで EOS と同時期に、大手小売業では POS（Point of Sales：販売時点情報管理）システムの導入が進んだ[3]。POS システムとは、主にバーコードで表示された商品コードを光学式スキャナーなどで読み取ることで販売情報を逐次的に記録するシステムであり、ここで記録される POS データによって単品ごとの販売数量や販売価格を管理するものである。チェーンストアが POS システムによって単品ごとの売上をほぼリアルタイムで把握するようになったことから、追加発注の迅速化のために EOS の導入も進んでいった。

▶ 標準化された EDI

　さらに 1980 年代後半になると、ネットワーク技術の進展とデータ送受信における標準ルールの設定によって、伝達される情報量が飛躍的に増加し、受発注だけでなく物流・在庫管理や金融・代金決済といった業務への多面的活用が模索された。その結果、複数の企業がアクセスできる総合的かつ汎用的なオンライン・ネットワーク・システムとして EDI（Electronic Data Interchange：電子的データ交換）が形成された[4]。EDI とは、複数の企業が取引にかかわる受発注・出入荷・決済などのメッセージを、オンライン・ネットワークを介して標準的な規約を用いて交換することをいう。EDI はそれま

3　セブン-イレブンが 1982 年に本格導入したことで広がった。
4　これに対して主に製造工程で行われた標準化の取り組みのことを CALS（Continuous Acquisition and Life-cycle Support/Commerce At Light Speed）という。

でのEOSと比較して、受発注だけでなく入出荷や代金決済など広範な業務に関するデータ交換、標準規約の使用、高速通信とそれを可能にするための通信手順の標準化という特徴があった。そこで行われる標準化は大きく3つの階層（レイヤー）に分かれる。第一は通信手順に関する取り決めである。これは異なるコンピュータ間でデータを交換するための通信規約[5]を規定するものである。第二はデータの記述方法に関する取り決めである。データ項目を標準化することでその組合せであるEDIメッセージも標準化される。第三は取引業務プロセスに関する取り決めである。EDIによる取引の成立時期やEDIデータにエラーがあった場合の責任の所在など、電子化の対象となる取引情報の種類とその役割を明らかにするものである。

　図表5-1のように、それまでは各企業が独自にデータ送受信ルールを決めていたので取引先ごとに異なるシステムが必要で互換性がなかったものが、食品・日用品・電子部品といった業界ごとにプロトコルの標準化がなされたので、業界内での互換性が高まりネットワークに参加する企業が増加した点

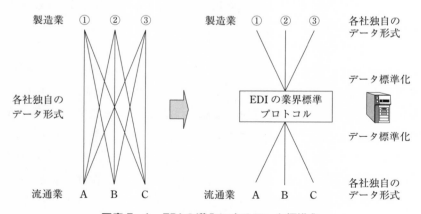

図表5-1　EDIの導入によるデータ標準化
出所：流通システム開発センター（2008）に基づき筆者作成

5　通信プロトコルともいい、専用回線やVAN回線ではJ手順や全銀手順、インターネット回線ではHTTPやSMTPがその一例である。

が特徴的であった。ただし異なる業界での互換性には限界があった。なお当時導入された EDI は、専用回線や VAN 回線の通信速度の制約から文字データのみを交換するものだったので、その効果は限定的であった。しかし EDI の導入によって企業間で POS データも含めた広範なデータ交換が可能となったのである。さらに業務効率化のメリットを拡大するために受発注データを出荷データにひもづける物流 EDI へと広がった。1987 年には EDIFACT という国際標準が ISO から承認されている。

▶ インターネットを利用した EDI

1990 年代半ば以降はインターネットが普及したため、この技術を生かして TCP/IP というプロトコルに従った Web-EDI サービスが提供されるようになった。Web-EDI が従来の専用回線や VAN 回線を利用した EDI と比べて優れている点は、第一に安価に構築・運用できる点である。従来の EDI では導入時にソフトウェア開発や通信網の敷設などシステム構築のための多額の初期投資を要し、継続的に発生する通信回線の利用料金も少額ではなかった。しかし Web-EDI では導入に必要な端末やソフトウェアはパソコンやインターネット・ブラウザといった市販のもので足り、インターネットを利用するために回線料金も比較的低額ですむ。これによって今まで以上に、事業規模の小さい企業も参加することが容易になった。

第二にデータ交換の種類や方式が多様化したことである。従来の EDI では文字データの交換が中心であり、データ処理はリアルタイムではなく一定期間ごとにまとめて行うバッチ処理が中心であった。しかし Web-EDI では高速通信により画像データの交換が可能になり、リアルタイムでのデータ処理も可能になった。

第三に社内ネットワークとのデータ互換性である。社内ネットワークに TCP/IP を利用している場合には、受発注や商品コードなど社内で加工・蓄積したデータを、Web-EDI によって社外ネットワークに流すことが容易になる。

もっとも Web-EDI には問題点もある。その一つが、通信のパフォーマンスや確実性が保証されないことである。たとえば VAN 回線を利用した EDI であればサービス提供事業者が通信回線を確保するが、インターネットは公共的なネットワークであるから通信障害が生じてもいかなる保証もない場合が多い[6]。したがって参加企業間で通信途絶時の危険負担などの取り決めがあらかじめ必要となる。

もう一つが、インターネットを利用することによるセキュリティに関する問題である。これについては、2章で考察した SSL（Secure Socket Layer）方式などの暗号技術を用いたり、部外者をネットワークに接続させないファイアウォールを設けて参加企業間でエクストラネットを構築したりすることで対応することが多い。

なお NTT は、2024年には固定電話網のサービスを終了して、インターネット技術を用いた通信網である IP 網に移行する予定である。これを受けて、以前から利用されてきた総合デジタル通信網（ISDN）もサービスが終了するため、Web-EDI への移行が一気に進む予定である。しかし EDI でデータを交換している企業全体が新システムに足並みを揃えて移行する必要や、多額の新規投資も必要となる。たとえば従来のオンライン・ネットワークで利用されていた JCA 手順は、流通 BMS（Business Message Standards）へと移行することになる。

▶ 電子市場での取引形態

ネット通販は売り手が設けたウェブサイトに買い手が申込みをするという点では売り手主導であるが、それとは異なって企業間電子商取引は売り手が主導するものと買い手が主導するものに分かれる。また両者に対して中立的な第三者が設けるものも存在する。

6　Web-EDI サービスの提供事業者と参加者との間で、回線の最低通信速度や利用不能時間の上限などサービスの品質についてあらかじめ同意をしておく SLA（Service Level Agreement：サービス品質保証契約）が結ばれる場合もある。

第一は、大口の買い手が複数の納入業者を集めて開く N 対 1 の電子市場である。買い手がバイイングパワーを背景に、納入業者に対して電子商取引への移行を要求する例は、初期の EOS を大手チェーンストアが主導したようによく見られる。取引を今までの書面や電話をベースにした形態から電子媒体に変更する際は、不慣れな取引形態に対する心理的抵抗や、電子化で費用が削減されるとしてもシステム導入時の初期投資が多額になりやすいことや、情報漏洩のリスクに対する過剰反応などから、さまざまな抵抗が起こりやすい。そのため電子商取引への移行は、大企業が製品や資材のバイイングパワーを背景に押し進めることが少なくない。

　この場合、買い手が EDI やウェブサイトを運営して、そこに取引を希望する供給者が売り手として参加することになる。買い手にとっては電子市場で購入希望製品を公開して売り手側の連絡を待つことで、合い見積もりや逆オークションの効果が得られ、複数業者の競合による好条件での購入が可能になり、契約折衝にかかるコストが削減できることになる。

　一方売り手にとっては、電子市場に参加することで新規取引を開拓できる可能性が増え、契約折衝コストが削減できるという効果はあるものの、競合他社との価格競争にさらされやすいという難点もある。

　なおこの取引形態は、インターネット技術を用いてなされる場合でも、機密保持の観点から暗号化やファイアウォールの利用によって、部外者の侵入を防ぐことが一般的である。複数の取引先が参加する場合は、売り手の一般的な製品情報は別として、買い手の販売情報や在庫情報といった社内情報は開示されないことが多い。また、企業間取引ではセキュリティや通信回線の確保も重要となるので、インターネットではなく専用回線を利用することもあり、大手納入業者との間で、1 対 1 の取引形態となる場合もある。特定企業間でのデータ交換は歴史が古く、当初の EOS では事務処理コストの削減という目的で、受発注データのみが交換されていた。しかし現在の 1 対 1 の取引は、後述する他の形態と比較しても、コスト削減とともに情報共有が目的とされる傾向が強い。したがって単なる受発注情報や売買契約の締結にと

どまらず、社内情報の交換によって生産や販売の効率化、製品の共同開発などを図る協働に活用されることが多い。

　ただこの取引形態の問題として、自社のみで電子市場を運営するとコストが多額となること、新規納入希望業者の信用調査や選定、取引企業への個別対応に時間を要すること、電子市場で調達先を選定していることを周知させ、そこにアクセスしてもらう必要があること、といった点があげられる。これらの問題点を解決するためにも、バイイングパワーのある企業でないと電子市場を継続的に運営することは困難であろう。

　第二が１対Ｎの電子市場である。これはネット通販と同様に、ウェブサイト上で自社の商品を多数の企業に販売する形態である。販売される物品・サービスの内容がオンライン上で十分に理解できること、サイト運営者である売り手が迅速な顧客対応をして、価格面やサービス面でライバル企業に十分な競争力を有していることが、このような形態が成功するための条件となるだろう。

　この形態では買い手企業が自由に購入を検討できるようにする必要があるから、とくにパスワードなどで閲覧を制限せずに、インターネット上に販売サイトが設けられることが多い。そのうえで売買契約の内容や決済情報の送信についてセキュリティが確保される。この点でもネット通販に類似した運営形態である。デルやアスクルのように企業向けと消費者向けでほぼ同様の商品を販売している場合もある。

　もっともＮ対１型の調達市場と同様に、自社の販売サイトを周知することは容易ではないから、継続的な運営が可能となるのは知名度のある企業や、多額の広告費を投じることのできる企業に限られていく場合が多い。

　第三は、ネット通販におけるネットショッピングモールのように、売り手、買い手ともに複数が会するＮ対Ｎ型の電子市場であるｅマーケットプレイスである。これは買い手または売り手が単独で行うＮ対１型や１対Ｎ型の電子市場と異なり、多数の新規参入企業の参加を前提とする。つまり取引機会を求める企業にとっては、知名度がない場合でも運営する主催者の認証を

満たせば参加することができるので、取引をはじめる障壁が比較的低いというメリットがある。

　これは主催者の立場によって三種に分類することができる。第一に買い手側の主催の場合、バイイングパワーをもつ買い手が集まることで売り手に対して強い影響力を与え、低価格での商品調達をすることが目的となる。第二に売り手側の主催の場合、買い手が集まるかが問題となる。また売り手にとって価格競争に巻き込まれやすいため、取扱商品を絞ることが考えられる。第三に売り手にも買い手にも属さない中立的な第三者が主催する場合は、新規事業に参入するベンチャー企業によるもの、eマーケットプレイスのシステム設計との相乗効果を目的に参入するソフトウェアベンダーによるもの、商社や卸売といった既存の中間流通業者によるものに分類することができる。とくに日本はもともと総合商社の仲介取引の規模が大きいので、生き残りをかけた商社が主導する形態が多い。商社や卸売業者が主導するeマーケットプレイスの成否は彼らの存在価値を揺るがしかねない大きな問題なので7章で詳しく検討する。

　もっとも、現状ではN対N型の取引が電子商取引に占める比率は高くない。これは企業間取引では電話や訪問を含めた人的関係に基づいた営業活動が重視されていることに加え、新規取引先の開拓に慎重であるからだともいえよう。

2.　企業間電子商取引市場の現状

▶ 市場規模の概要

　序章で見たように企業間電子商取引の市場規模はネット通販の市場規模よりもはるかに大きい。また企業間電子商取引ではインターネット技術を用いたネットワークだけでなく、インターネットが普及する前から電子商取引を行っている大企業を中心として、専用回線やVAN回線による取引もある。以上のことを踏まえたうえで企業間電子商取引市場の現状を1章と同様に、

図表 5-2　企業間電子商取引市場の業種別内訳

業種	広義の電子商取引		狭義の電子商取引	
	市 場 規 模 （億円）	電子商取引化 率（％）	市 場 規 模 （億円）	電子商取引化 率（％）
輸送用機械	428,150	58.4	346,320	47.2
食品	221,820	50.9	55,730	12.8
電気・情報関連機器	318,890	50.0	228,990	35.9
繊維・日用品・化学	294,720	37.4	198,730	25.2
鉄・非鉄金属	170,670	32.8	127,800	24.5
産業関連機器・精密機器	119,060	30.5	84,110	21.5
卸売	839,450	26.1	555,660	17.3
金融	125,220	20.2	110,820	16.3
情報通信	116,960	17.8	100,590	15.3
運輸	88,030	15.1	77,930	13.3
広告・物品賃貸	24,350	12.3	22,540	11.4
建設・不動産	144,960	10.1	125,590	8.7
合計	2,892,580	28.3	2,024,810	19.8

出所：経済産業省（2017）に基づき筆者作成

経済産業省調査をもとに概観する。まず分野ごとの 2016 年の市場規模は図表 5-2 のとおりである。

市場規模全体に占める電子商取引の比率である電子商取引化率はインターネットのみの狭義の電子商取引化率は輸送用機械、電気・情報関連機器で高い。専用回線や VAN 回線も含めた広義の電子商取引化率では食品が高い。

全体的に産業財の取引額が大きく、食品や日用品といった消費財、金融などのサービスはその額が小さい。これは消費財や金融サービスでは従来からEDI 取引が活発であるため、インターネット技術を利用した取引があまり行われていないためだと考えられる。システムの入れ替えには費用や習熟を要するので、インターネット回線技術への移行が進んでいない業界も少なくない。

▶ 耐 久 財

　輸送用機械は、自動車のほか、鉄道・船舶や航空機製造が含まれる。自動車製造は、完成品メーカーの寡占化が顕著なこと、部品の共通化や標準化が進み継続的かつ定型的な取引が多く行われること、数年に一度のモデルチェンジがあり製品ライフサイクルが比較的短いことから大手完成品メーカーが主導する電子化が進展しやすい。この業界は少数の大手の自動車メーカーを中心に多数の部品・原材料メーカーが連なる取引構造であるから、納期の短縮や調達コストの削減を目的として完成品メーカーが主導する電子商取引化を進めやすいし、トヨタ自動車のカンバン方式に代表されるように製造工程の効率化に早くから取り組んできたが、それを一層進めるためにはN対1型の電子商取引は有効な手段となる。また業界共通のネットワーク基盤であるJNX（Japanese Automotive Network Exchange）が早くから設けられたことも電子化の進展を促してきた。さらに、多数の部品からなる加工組立型産業なので図面などの画像データを送受信する機会が多いことや、小規模メーカーのオンライン・ネットワークへの参加が進む中で、通信速度が速く低コストのWeb-EDIの導入が進んでいる。なお製造工程に加え自動車メーカーによる系列販売会社への新車販売についても、各社独自のEDIが構築されている。

　また航空機製造は自動車製造以上に寡占化が進んでおり、Boeing（ボーイング）社など航空機メーカーによって、Web-EDIを利用して業界横断的な部品や資材の電子調達が行われている。航空機や造船など海外メーカーへの販売が多い分野ではEDIも国際標準にする必要があるので、Web-EDIが適している。

　電気・情報関連機器には、電気機械器具、情報通信機械器具、電子部品・デバイスの製造業が含まれ、一般用家庭用電気製品や携帯電話やコンピュータ関連製品もここに含まれる。最終消費財である家庭用電気製品やコンピュータを例にとると、製品ライフサイクルが数か月と短く、開発・製造から市場投入までのリードタイムを短縮する必要性が高いこと、部品も完成品も海外製品との競争や大手小売業の価格引き下げ圧力で低コスト化の必要性が高

いことから電子化の有効性が高い。こうした完成品メーカーが、納品期間の短縮や事務処理の効率化を目的とした部品調達の電子化を進めている。またメーカーが販売窓口である卸売企業との間でメーカー主導のEDIを構築しているほか、家電量販店など大手小売企業との間では小売主導のEDIが導入されている。

　電子部品や半導体製造では、他の製造業に先んじてEIAJ－EDI標準という業界のEDI標準が設けられた。これは電子部品や半導体といったデバイス製造業は、電気業界や自動車業界にとっての部品メーカーという位置づけにあり、他業界との互換性の高い通信手順を早期に確立する必要があったからであり、結果的に電子化も早くから進んでいる。

　産業関連機器・精密機器には、ロボット・工作機械・原動機など産業関連製品、コピー機や医療用機器、計量器など精密機器が含まれる。産業用関連機器は電力、ガス会社や各種メーカーの部品メーカーとしての位置づけから、納入先業界に合わせた電子化が多く行われている。また精密機器ではコピー機等オフィス製品メーカーが販売会社に対して電子化を進めている。

　鉄・非鉄には、鉄鋼、非鉄金属・金属製品製造業が含まれる。鉄鋼業では原料調達と鋼材販売で商社を介する取引が一般的であり、販売サイドでは商社が設けたOpen 21という電子市場が、自動車メーカーによる鉄材の調達、飲料メーカーによるアルミ缶の調達などに利用されている。原材料や加工度の低い部品は品質や機能での差別化の程度が低いコモディティであるため、購入サイドのニーズによって電子商取引化が進められることが多い。この分野はもともと輸入が多く商社が仲介する場面も多かったので、商社主導のeマーケットプレイスがいくつか存在するものの取引規模は大きくない。

　建設・不動産業は電子商取引化率が低いが、契約が継続的、定型的でなく単発的、非定型的であるため、電子化による取引効率化のメリットが少ないことが理由として考えられる。しかし多くの行政機関が公共事業の電子入札を導入しているので、その比率は高まりつつある。なおこのような企業と政府機関との電子商取引を企業対政府（Business to Government：B to G）取引と

分類することがあるが、本書では企業間電子商取引に含めて考察している。

▶ 非 耐 久 財

　食品や日用雑貨では、大手小売業が食品や日用雑貨、衣料品などの完成品の仕入れのために行う商品調達の電子化が進んでおり、メーカーが製造のため原材料を調達する取引も行われている。とくに大手の小売チェーンストアは日本も含め多くの国で上位集中化が進んで、メーカーなど供給業者に対するバイイングパワーが増しており、低コスト調達を目的に取引の電子化が進んでいる。

　日本では従来、商品流通を卸売業が仲介していたが、中間コスト削減のために小売とメーカーとの直接取引が増加しつつあり、こうした変化に企業間取引の電子化は寄与している。ただメーカーと卸売との業界 VAN の「ファイネット」や大手小売チェーンを中心とする EDI が以前から発達しているので、インターネットベースの取引への移行は多いとはいえない。

　食品は、コンビニエンスストアなど大手チェーンストアが、業務効率化の目的で早くから電子化を進めてきたため電子商取引化率が高い。食品は商品の特性上、品質管理がとくに重要である。具体的には、新鮮な商品を店舗に陳列するための多頻度少量配送が必要となることや、生鮮食品や牛乳のような日配品では冷蔵配送、冷凍食品では冷凍配送など温度管理が必要となることに加え、商品単価のわりに容量が大きく運送費用がかさむことから、高度な物流システムをあわせて提供することも必要となる。しかし、導入が早かったために VAN 回線や専用回線経由の EDI を利用するものが多く、インターネット回線への移行はあまり進んでいない。なお食品メーカーによる原材料の調達は、工業製品と異なり取引が定型化しにくいことや取引ロットが大きくなる一方で取引頻度は低いことから電子化は進みにくい。

　繊維・日用品・化学のうち、日用品も食品と同様に大手小売チェーン主導の電子化が進んできた。それは化粧品のような高額商品を除けば、商品単価のわりに容量が大きく運送費用がかさむことからコスト削減の必要性が高い

こと、大手小売チェーンによるバイイングパワーを背景にした価格引下げ圧力が強いことが理由である。この分野では古くから業界 VAN の「プラネット」の運営が行われており、メーカーと卸売業の間の取引に利用されていた。近年はこれをウェブベースでも行い、メーカー・卸売の新規の参加がある。また物流コストの削減を図るため物流サービスも提供している。

　繊維では、合成繊維メーカーである帝人や東レが設立したファイバーフロンティアが、インターネット経由の EDI を提供し、原糸の販売や原料の購入を行っている。衣料品（アパレル）製造は、6 章で述べる QR（Quick Response）という企業間の情報連携による電子商取引化が早くから進んできた。しかしアパレルメーカーの発注に対して染色・裁断・縫製など多数の事業者を経ることもあるので、製造工程全体の電子商取引化は容易ではない。

▶ 卸売・情報・サービス

　卸売には、e マーケットプレイスの取引が含まれる。たとえば中古車市場「オークネット」では全国の数千の中古車販売店が参加し、1 日平均 2000 台程度の中古車が販売されている。1 台ごとに状態の違う中古車で実物を見ずにオークションが成立するのは、運営会社の査定に対する信頼感のあらわれといえるだろう。バイイングパワーの大きな企業グループが運営する e マーケットプレイスの一つに、日立グループの「TWX-21」がある。これは従来、完成品メーカー主導の N 対 1 型の調達用システムであったものを、グループ外の企業の参加を取り込むことで N 対 N 型の取引市場に発展させたものである。そして現在は当初のコンピュータ関連に限るのではなく、他分野の企業も参加できる Web-EDI 機能を提供している。一方、食品は、生産者も購入者も全国に分散して多数存在している点が特徴であるから距離的な制約なく事業者が取引を行うことのできる e マーケットプレイスは需要が高いと思われる。ただ、現状では大手小売チェーンは業務効率化のために取引先を集約する傾向にあり、ネットワーク上で広く調達先を募るという状況ではない。

なお修理や保守サービスに加えて、企業が使用する文具やオフィス家具など事務機器も含めた間接材を、MRO（Maintenance, Repair and Operation）ということがある。間接材と異なり原料や部品のような直接材の購買では生産単位での取引、スポット取引が多いため電子商取引はあまり用いられていない分野も多い。企業にとって直接材は自社の製品の一部を構成するから販売先への安定的供給のために価格よりも品質に敏感にならざるを得ないからである。一方で、MRO分野は製造過程の中間投入ではなく企業自身の消費財という性質をもつ。そのため欠品や不良品の販売による販売先からの責任追及のような問題は少ないので、品質や数量など仕入れの安定性よりもコスト削減を重視した購買活動が容易となる。そうした観点から、電子商取引が増加している分野である。この分野の代表例としてはアスクルがある。アスクルの商品販売方法はカタログ通販からはじまったが、「アス」配達するという迅速性を確保するためにインターネット経由でも注文を受け付けている。

　金融には銀行、保険、証券が含まれる。銀行では定型的で大量の処理が必要となる振込みなどの資金決済をオンライン・ネットワークで行うエレクトロニックバンキングやファームバンキングがある。保険では代理店と保険会社との間の保険契約情報の入力処理で電子化が進んでいる。銀行における融資や保険における一般法人企業との保険契約など非定形的な契約は電子化にはなじまない。一方、貿易事務をインターネット上で処理できる共通インフラの提供サービスが海外だけでなく、国内でも事業化されている。すなわち、輸出入企業が貿易関連の事務処理経費を削減する目的で、貿易関係の膨大な書類の代わりに電子的にファイルを交換するシステムが構築されている。これについては8章で検討する。

　運輸は、道路貨物、海運、航空輸送など貨物輸送サービスが中心である。国内物流の中心であるトラック運送は中小事業者の乱立や景気低迷から価格競争が激しいが、大手物流業を中心に、運送業務に付随したサービスを提供する事例があらわれている。その一つが、在庫管理や梱包作業、3章で考察したエスクローサービスのような決済代行を含む、顧客企業の物流にかかわ

る後方業務を一括代行するものである。これは、物流機能のフルサービスの提供ということができる。また同様の付加的サービスとして、配送貨物を顧客がインターネット上で追跡できるサービスも提供されている。なお国際取引を中心とする海運の中でも、コンテナを中心とする定期運送では、定型的、継続的契約になじむので電子化が進みやすい。

　情報通信には、通信や情報サービス業が含まれる。ソフトウェアの受託開発は建設業と同様、契約内容を定型化できず案件ごとの個別対応になるため電子化になじみにくい。一方、インターネット上で行われてきたASP（Application Service Provider）によるアプリケーションソフトの提供は、クラウドサービスの拡充により一層増加することが見込まれる。ASPとは、顧客がパッケージソフトウェアを自ら保有せずに、ASP事業者からインターネットを介して提供されるアプリケーションを使用するサービスである。これは主に企業のシステム運用や管理などのアウトソーシングの一環として利用されている。コスト削減の効果があるだけでなく、システムの導入・運用・更新への迅速な対応、設備投資にかかるリスク回避、セキュリティ対策向上などの面で効果が高いので、市場が拡大してきた情報サービスである。また信用調査データや証券市場のリアルタイムデータなどの情報提供サービスも存在する。たとえば、中古マンション価格のデータベースを金融機関などの会員企業に提供する「東京カンテイ」や、証券市場のデータを機関投資家などに提供する「Bloomberg」がある。こうしたサービスは、提供する情報の迅速性自体に大きな付加価値があるので、最新データを入手するために電子媒体の利用が求められる分野である。

3.　情報システムの変遷とeビジネス

▶ 業務効率化と定型処理

　企業は、取引先など他企業と電子的に情報交換や商取引を行うだけでなく、社内のさまざまな業務にコンピュータを活用している。このような、企業活

動へのコンピュータ活用を広くeビジネスというとすると、わが国でのeビジネスは1960年代にはじまったということができる。それまで紙と鉛筆、人の手で処理していたような大量のデータをコンピュータで処理するEDPS（Electronic Data Processing System：電子データ処理システム）がはじまった。EDPSとは業務の省力化や効率化によるコスト削減を目的とするコンピュータによる定型的な業務処理のことをいう。

　ついで、企業の各部門で行われるデータ処理を全社的に統合し、経営管理に用いる目的でMIS（Management Information System）という概念が1970年代に導入された。EDPSが部門ごとの担当者レベルの業務効率化を目的としていたのに対し、MISは管理職レベルの経営上の意思決定への貢献を意図したということができる。またEDPSが一定期間のデータ処理を一括して行うバッチ処理を行っていたのに対し、MISではコンピュータ性能の向上によりデータ処理を逐次的に行うリアルタイム処理が可能となった。

　もっとも当時のコンピュータはメインフレームとか汎用機といわれる大型のものであったが、データ処理速度や処理結果の保存容量など多くの点でその性能は十分なものではなかった。また、管理職の意思決定をするために役立ちそうな定型的なデータ処理結果を大量に出力するものにすぎず、高度な意思決定に必要な追加的分析を個々のユーザーの要求に応じて行うことは困難であったから、MISの効果は限定的であった。

　この段階までの情報システムの特徴は2点に集約できる。第一は処理結果を必要とするユーザーがネットワークを通じてコンピュータに処理を要求するのではなく、情報処理の専門家が独立して存在する[7]大型コンピュータにあらかじめプログラムを入力して定型的な処理を行うことである。もう一つは定型的な業務処理を機械化し、業務の効率化・省力化を達成したことである。たとえば1965年に稼働した銀行の第一次オンラインシステムは元帳のオンライン化や自動振替のセンター集中など、社内の業務の効率化・省力化

7　ネットワークでつながれたオンラインの状態でなく、コンピュータ個々が独立した状態にあることをスタンドアロンとかオフラインということがある。

を目的とするものであった。また本章の冒頭であげた EOS もそれにあたる。これらのシステムは、企業における業務遂行の効率化を支援するものであり、口頭や電話、FAX、伝票の受け渡しと比較して、言い間違えや書き間違え、転記ミスなどの人的ミスが減少することや、迅速化をメリットとしてきた。こうしたシステムは基幹系データベースや業務データベースといわれることもある。

▶ 意思決定支援と戦略的活用

　1970 年代後半には非定形的な管理上の意思決定を直接サポートすることを目的にした DSS（Decision Support System）が設けられた。管理者が大型コンピュータに通信回線で接続したコンピュータ端末を自ら操作して、意思決定に必要な情報を取捨選択して入手できるようになり、それまでの情報システムにおけるエンドユーザーのかかわり方は受動的であったが、能動的になった。こうした状況を EUC（End User Computing）という。これは、情報処理の専門的知識をもたないユーザーが、自らの情報処理ニーズを自力で解決することである。

　それまでの独立したメインフレームでの処理に代わって、80 年代になるとパソコンが普及してダウンサイジングが進み、メインフレームのウェイトが下がった。この結果、高度な処理はメインフレームで行い、軽微な処理やカスタマイズはパソコンで行うクライアント・サーバ・システムが普及した。すなわち、エンドユーザーが操作する端末は各所に分散して配置され、データベースの利用や処理をワークステーションに要求することからクライアントといい、ネットワーク管理を行うワークステーションは高い性能を必要とする処理を行い、ネットワークを通じてクライアントに提供することからサーバという[8]。

8　ネットワークの高速化により、クライアントであるパソコンはネットワーク機能に特化して処理はサーバに行わせる集中処理システムへの回帰も見られる。その一つがクラウドコンピューティングであり、6 章で考察する。

それまでのメインフレームではソフトウェアもハードウェアメーカーが独自に定めた技術体系で提供していたため、多端末現象が生じた。しかし、パソコンではハードウェアメーカーに依存せず、原則として同じソフトウェアを使うことができるようになった結果、標準化を進める環境が整った。これによってパソコンの普及と低価格化が進み、ソフトウェアも豊富になった。

1980年代になると部門ごとの意思決定のサポートだけでなく、企業全体の競争優位の確立に貢献できるような、事業機会の拡大につながる戦略的意思決定のサポートを目的にしたSIS（Strategic Information System）が導入された。SISとは、競争優位を確立するための企業の競争戦略をサポートする情報システムのことをいう。SISの概念が普及したことで、情報システムが単にサポートだけでなく、そのものが経営資源になりうると認識されるようになった。もっとも、情報通信技術による情報処理は標準化が進み、競合企業による同質化や模倣も容易であるからそれ自体が長期的に競争優位の源泉となることは難しい。

この段階の情報システムの特徴は次の2点である。一つはユーザーがコンピュータを直接処理できるようになったことである。これにより定型的業務だけでなく非定型的な意思決定にも貢献できるようになった。もう一つは、企業戦略への情報システムの関与が進んだことである。単に業務の効率化や低コスト化だけでなく、情報システムで得られた分析結果を企業戦略や新ビジネスに活用できるようになった。こうしたシステムは、情報系データベースや分析データベースといわれることもある。

以上のMISからSISに至る経営情報システムを比較すると、図表5-3のように類型化できる。すなわち、MISは業務担当者や初級管理者が従事する定型的な業務処理の効率化を対象とする情報システムである。また、DSSは中級管理者が行う定型的な業務処理と非定型的な意思決定とを支援する情報システムである。そしてSISは経営層が行う企業の戦略的意思決定を支援する情報システムである。SISの例としては、コンピュータ予約システムやPOSシステムがあるが、これらについては6章で考察する。

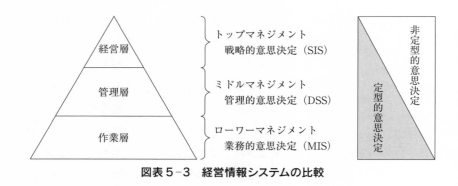

図表5-3　経営情報システムの比較

▶ ビジネスの再構築

　そこで1990年代になると、情報システム自体の変革ではなく、組織や業務プロセスなど企業活動のあり方を根本から見直して再構築する目的で情報システムを用いるビジネスプロセスリエンジニアリング（BPR：Business Process Reengineering）という概念が普及した[9]。BPRは企業内部の改革をボトムアップではなくトップダウンで戦略的に遂行するものであるが、同時に社外環境の変化にも対応するものでもなくてはならない。すなわち、生産サイドでの大量生産の進展による品質の安定と過剰供給、消費サイドでのニーズの多様化といった要因から多くの市場の成熟化やコモディティ化が進んでいる。こうした状況で企業が収益性を高めるためには、商品の機能や品質といった基本的あるいは便宜的な価値だけでなく、デザインやブランド、コンセプトといった感覚的な価値や観念的な価値を顧客に伝達していく必要や、個々の顧客ニーズに対応した個別的アプローチをとる必要が高まっている。また、多品種少量生産による販売機会の損失と欠品という在庫リスクの問題が顕在化するため、これを解決する生産、在庫活動の抜本的見直しも欠かせない。そのためには企業の部門ごとの個別業務の改善では足らず、全社的な

9　マイケル・ハマー＆ジェイムズ・チャンピー（1993）がこの概念を詳述している。

あるいは取引先も巻き込んだ抜本的な改革が求められる。

　BPR の進展により、企業内部での知識共有が進んだ。あるいは、企業間の関係にも業務の再構築という BPR の考えを適用して、サプライチェーン・マネジメントのような顧客管理や生産・流通活動の見直しも行われた。これらについても 6 章で考察する。

▶ 第 4 次産業革命

　あらゆるモノがインターネットと接続する（IoT）ことで大量のデータ（ビッグデータ）が収集され、それらが人工知能を含めたさまざまな技術により多面的に分析された結果を、ロボットが自律的に運用する近年の技術革新を第 4 次産業革命ということがある。これは、蒸気機関による機械製造がはじまった第 1 次産業革命、石油と電力による大量生産がはじまった第 2 次産業革命、IT 技術の活用がはじまった第 3 次産業革命につぐ変革として位置づけることによる。日本政府が提唱する類似の概念である Society 5.0 は、狩猟社会、農耕社会、工業社会、情報社会の 4 段階に続く、サイバー空間（仮想空間）とフィジカル空間（現実空間）を高度に融合させたシステムにより、経済発展と社会的課題の解決を両立する、人間中心の社会のことを意味している。

　第 4 次産業革命は、①ビッグデータ、② IoT、③ AI、④ロボットといった技術革新が支えている。購買履歴や機械の稼働状況といった経済活動から、気象データのような自然情報、健康状況を含めた個人情報に至る莫大な情報がデータ化され、それらが逐次インターネットを介して収集・蓄積される。そしてそれらが AI によって多面的に解析されることで新たな付加価値が生まれている。従来から存在するロボット技術も、さらに複雑な作業や安全性をクリアして人との協働が可能になっている。

　たとえば3D（3次元）プリンターの普及で、省スペースで複雑な工作物の製造も可能となり、大規模な工場で需要を見越した事前の大量生産をしないでも、各所で適時の少量生産が可能になったことで、新規事業・小規模事業

の機会が増えている。また高速移動通信により、インターネットから随時道路状況など運転支援データを入手できるコネクティッドカーや、運転手なしで走行可能な自動運転車が普及しつつある。

6 章
eビジネスによる企業活動の変革

1. 戦略的活用

▶ アメリカン航空の座席予約システム

SISを企業活動に活用した例が、アメリカン航空のSabre（セーバー）という名称の座席予約システム（CRS：Computer Reservation System）である[1]。導入がはじまった1960年代は社内での業務用であった。旅行代理店から問い合わせがある都度、航空会社の台帳で管理していた空席情報をコンピュータにより情報システム化することで、予約や発券業務の時間短縮やミス削減など業務の省力化・効率化が可能となった。

アメリカの国内航空路線では規制緩和が1970年代後半にはじまり、新規航空会社の参入や路線の改廃、運賃設定が自由化した。これにより航空業界での競争が激化し、路線やスケジュールの変更が頻繁となり、運賃設定の複雑化や機内サービスの多様化が進んだ。提供するサービスの在庫が不可能な航空会社では、イールドマネジメントといわれる空席管理とそれを埋めるための運賃管理は重要である。アメリカン航空はこうした状況に対処するために、この予約システムを活用した。予約システムにアクセスできる端末を旅行代理店に設置して、代理店が直接オンラインで空席状況や運賃を確認し、予約できるようにしたのである。

---

1 塩見英治「航空産業における流通チャネルの垂直的支配と不公正競争」木立・辰馬編著（2006）8章所収はCRS全般を考察している。

こうした取り組みは、航空会社にとって大量の取引を正確かつ迅速に処理し、業務の効率化を可能にするだけでなく、旅行代理店にとっての利便性からアメリカン航空への予約が増加して売上拡大につながり、旅行代理店との関係強化につながった。また、このシステムを拡張することで他社航空便、ホテルやレンタカー、ツアー旅行などの予約も可能にし、システムの利用手数料をそうした交通機関や宿泊施設から得ることで収益機会の拡大にもつながった。さらにこの予約システムを通じて得られたデータを活用することで、路線の改廃や価格変更といった事業活動の抜本的変革にいたる戦略的対策をとることが容易になった。

　座席予約システムという情報システム自体は、他社でも模倣可能なものであり、そこに戦略的優位性を継続させる要素は少ない。実際にユナイテッド航空など他の大手航空会社も同様のシステムを開発した。しかし、すでに Sabre が置かれていた旅行代理店ではその扱いに慣れてしまっており、システムの切り替えや新規導入に消極的であったために、後発企業の予約システムが Sabre との差を縮めることは難しかった。

　最終的にアメリカン航空は Sabre を別会社として独立させ上場時の株式売却によるキャピタルゲインを獲得した。上場した Travelocity（トラベロシティ）という会社は、インターネット上のオンライン旅行代理店として顧客を増やした。旧来のオンライン・ネットワークのもとで、旅行代理店との企業間取引を拡大させたアメリカン航空の旅行予約システムは、インターネットの活用によって、そのビジネスを旅行代理店が行っていた川下の消費者向け取引へとシフトさせたのである。

▶ セブン–イレブンの POS システム
　SIS のもう一つの例が、セブン–イレブンが 1982 年から導入をはじめた POS システムの活用である[2]。

2　セブン–イレブンの戦略的経営については川辺（2003）に詳しい。

POS システムは単品ごとの販売結果をレジスターで自動的に読み取り、それを電子データで蓄積する仕組みである。したがってレジスターで商品価格を手入力する必要がなくなる点、商品ごとの売れ行きを把握して追加発注を助けるという点で、業務の省力化・効率化を達成できる。しかしそれだけではなく、戦略的活用をすることで売上、収益拡大にも大きな貢献をした。

　戦略的活用の一つが、店舗ごとにどの商品が何点売れ、在庫が何点あるかという単品管理の徹底である。POS システムが導入されるまでは、店舗はレジスターを締めることで一日の売上金額を把握することは可能であったが、どの商品がいくつ売れたかは棚卸作業をしない限り困難であった。したがって事実上、単品管理は不可能であり、その結果店頭での欠品や過剰在庫を減らすことは困難であった。また POS システムによって、店舗ごとの売れ行きの悪い死に筋商品のカットや売れ筋商品の陳列量増加も可能になった。店舗面積が $100m^2$ 程度で在庫を保管するバックヤードのスペースにも限りのあるコンビニエンスストアでは、売れ筋商品を過不足なく仕入れることがきわめて重要であるため、正確かつ迅速な発注を可能にする POS システムが、店舗売上の拡大に貢献した役割は大きい。そしてこうした取り組みが、セブン−イレブンへの加盟店（フランチャイジー）参加を希望する店舗を増やしたという点で、本部（フランチャイザー）の収益拡大にも大きな貢献を果たしたのである。

　もう一つの戦略的活用が、メーカー、卸といった納入業者との仕入活動を有利に進めるための本部による全店舗の POS データの集計・分析である。単品レベルで地域ごと、販売時間ごと、あるいは競合メーカーごとの販売結果を把握することになったセブン−イレブンは、情報量で納入業者に対して圧倒的に有利な立場を形成することができ、このことが仕入れ価格等契約条件の交渉での大きな武器となった。またこうした POS システムの活用は、チェーン独自のオリジナル商品の開発や、多頻度少量輸送を徹底する共同配送システムの構築にも大きな貢献を果たしたと考えられる。

　POS システム自体は、オンライン・ネットワークの普及により、初期投

資の問題をクリアすればどの小売業でも導入が可能であった。しかし、セブン–イレブンのように、これを早期から戦略的に活用した例はまれである。このことがセブン–イレブンをコンビニエンスストア業界のリーダー企業にしたといって過言ではない。

▶ ナレッジ・マネジメント

　BPR は企業内部での情報システムを活用した再構築であるが、それを進めたものに 1990 年代から関心が高まったナレッジ・マネジメントがある。ナレッジ・マネジメント[3]（Knowledge Management）とは、個々人が蓄積した知識や経験を組織全体で共有化することで組織としての知識創造を図るもので、それを組織効率の向上や企業価値増大につなげていくものである。知識創造を図るためには、属人化している知識や経験といった本人以外は活用することが困難と思われる主観的、無形的な「暗黙知」を、組織全体で共有できるような文章やことばで表現できる客観的な「形式知」に変換していくプロセスが必要となる。このプロセスは「個人知」を「組織知」に変換して企業全体でベストプラクティスを活用する行程ということもできる。たとえば、営業担当者の売り込みノウハウや熟練工の製造技術、顧客のクレーム内容への対処といった担当者個々人が経験を通じて身につけたノウハウを部署全体で共有化して活用することがナレッジ・マネジメントにあたる。製品開発において過去の成功事例や失敗事例を各担当者が共有して次の開発に活用することもこれにあたる。

　暗黙知と形式知の間での知識変換のプロセスは 4 つの段階に分けて考えられる。はじめに、暗黙知と暗黙知を結びつける共同化であり、これは個人対個人での対面のやり取りによって知識が移転していくプロセスである。次に、暗黙知を形式知に変える表出化であり、これは個人と組織の相互作用関係で知識が客観化・共有化されていくプロセスである。さらに、部門間で形式知

3　野中・竹内（1996）がこの概念を詳細に論じている。

と形式知を結びつける連結化の段階に至る。各工場での製品開発事例から表出された知識が工場間で移転し共有化されていく例がこれにあたる。そして、形式知を暗黙知に変換する段階が内面化であり、これは組織を構成する個々人が頭で理解した客観的知識を、行動を通じて体得していくプロセスである。これらのプロセスを繰り返すことで知識変換が進化し、企業活動の改革につながっていくのである。

こうした変換プロセスを支援するものが情報システムである。システムを導入するだけでナレッジ・マネジメントを実行したことにはならないが、ナレッジ・マネジメントの実行を情報技術がサポートすることが可能である。たとえば社内 LAN の普及や、構成員のスケジュール管理を助けるグループウェアの導入は組織内部での情報共有を進める可能性が高い。

また、ナレッジ・マネジメントを総合的に支援する情報システムの一つが ERP（Enterprise Resource Planning：エンタープライズ・リソース・プランニング）である。これは企業内で資源を最適配分することを目的とするものであり、コンサルティング会社やシステム会社がソフトウェアを統合基幹業務システムなどといった名称で販売している。

ERP は製造や購買から輸送・在庫、販売に至る企業内部のサプライチェーンや、マーケティング情報や営業、人事、会計といった経営の意思決定に不可欠な自社のあらゆる情報を、統合データベース上でリアルタイムに管理することで、経営効率化を図るものである（図表6-1参照）。たとえば受発注業務の効率化のために導入した EDI のデータを、さらに社内の在庫管理や会計システムにも転用すれば、物流・金融決済業務の効率化も可能になる。もっとも ERP システムには自社のデータを表示する機能しかないから、ERP を導入すれば BPR やナレッジ・マネジメントが実行可能なわけではないし、システム導入自体が目的なわけでもない。経営者や従業員がこれを活用して的確な判断をすることこそが重要なのである。

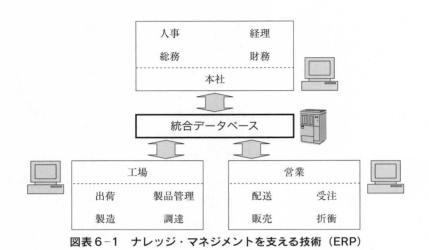

図表6-1　ナレッジ・マネジメントを支える技術（ERP）

2.　サプライチェーン・マネジメント

▶ SCM の特徴

　サプライチェーン・マネジメント（Supply Chain Management：以下 SCM ともいう）とは、「商慣行の見直し、電子商取引の推進や取引単位の標準化などによる企業間連携を通じて消費から生産までの情報と物の流れを効率化することで、消費者ニーズを反映した商品をスピーディーに適正な価格で提供する仕組みのこと」をいう[4]。SCM を直訳で解釈すると、市場に商品を供給するうえでの原材料メーカー⇔部品メーカー⇔完成品メーカー⇔卸売⇔小売といった多数の企業間取引で形成される「供給連鎖（サプライチェーン）」を、経営上適切に管理することである。言い換えれば、SCM は、資材調達から製造そして販売に至る複数の企業が、供給体制の確立や顧客満足の向上を目的として相互に情報を共有して協働し、市場の販売動向に供給活動を適合さ

せることで過不足のない在庫管理を図る活動である。

　ほとんどの企業はコスト意識をもって業務の効率化を行っている。しかしそれは、購買部門、製造部門、営業部門、物流部門といった部門ごとの個別最適化にとどまっている場合が少なくない。たとえば製造部門は長期サイクルでの商品開発や、大量生産によるコスト削減を目指す一方で、営業部門は顧客ニーズを汲み取って納期を短く、多品種少量の商品を販売することで売上高の拡大を図るかもしれない。ところが物流部門は輸送回数を少なく積載効率をあげて低コストにするために輸送ロットを大きくすることを望むかもしれない。つまり同じ企業でありながら各部門は相反するニーズをもっており、それらの妥協や調整が安全弁としての在庫の積み上げにつながってしまうこともある。しかし企業としては、各部門で在庫が増えることは回転率を下げ、売れ残りリスクを高めることになるから収益圧迫要因となる。そこで各企業は部門単位の最適化でなく、自社内での生産・在庫・物流などの全体最適化を目指す。

　そうしたプロセスを通じて企業としての最適化が可能になったとしても、さらに新たな問題が生じる。それは取引先との関係である。たとえばある大企業が在庫水準の最小化と迅速な配送による欠品防止に成功したとしよう。このとき、もし突然の欠品に備えるために仕入れ先の企業に過剰な在庫や小ロットでの多頻度配送を押しつけていたとするならば、その取引先企業の状況は効率化とは程遠い状況に置かれていることになる。そしてこの非効率が最終的に仕入価格に転嫁されると、最適化を達成したと考えていた企業にとっても調達コストの上昇という不利益が及ぶことになる。川下の調達・購入企業側は自社での在庫を減らす一方で、迅速な納品や低価格での購入を要求するだろうし、川上の生産・納入企業側は自社の在庫を減らすとともに、固定的で大ロットの生産サイクルによる低コストでの大量生産を可能にしようと試みるだろう。

　このように個々の企業の最適化は取引相手先に不合理を強いることになる場合があり、サプライチェーン全体では非効率を生み出し長期的には損失を

与えてしまうおそれがある。SCMではこうした無駄や不合理を排除して、サプライチェーン全体での最適化を図ることになる。企業活動の抜本的見直しによって、個別企業レベルでの短期的な最適化を目指すのではなく、取引企業間全体での中長期的な最適化を目指すという点で、BPRの具体化ということができる[5]。そして最適化とは具体的には以下の2点である。

　第一は納期の短縮と在庫の最小化である。生産時は部品などの原材料はあらかじめ確保しておく必要があるが、在庫が増えると保管費用が増え非効率となる。そこでトヨタ自動車のカンバン方式やデルの受注生産（BTO：Build to Order）方式のような、ジャストインタイム（JIT：Just in Time）での生産工程が望ましい。これを組立型産業以外の業種にも広げたものがSCMである。

　第二は顧客満足の向上である。少品種大量生産の時代には、生産者の立てた規格品の生産計画が正確であれば利益をあげることができた。しかしその後、さらなる大量生産と消費者のニーズが多様化したことにより供給過剰に陥ることとなった。この過程で大手小売業による売上高の上位集中化が進んで、製造業から小売業へと商品流通におけるパワーシフトも生じ、消費者ニーズに対応した商品生産が求められるようになった。

　ところでSCMは需要にあわせた供給を行うという効果だけではなく、供給連鎖の内部の問題も顕在化させることができる。単位時間あたりの処理能力のことをスループットというが、サプライチェーンの中で1か所の生産性が低ければ、それが全体の生産性に影響を及ぼす制約となる。そうした影響を与えてしまう特定部門のことをボトルネックという。そしてボトルネックのスループットを改善することで、サプライチェーン全体の生産量を向上させることができるのである。これによってサプライチェーン全体の収益性が高まる可能性が出てくることになる。

　それではどのようにボトルネックを改善するのか。これについての解決策の一つがゴールドラット（Eliyahu M. Goldratt）が提唱した制約理論（Theory of

---

5　山下洋史「SCM戦略と組織」山下・諸上・村田編著（2003）2章所収は、BPRという観点からSCMを論じている。

Constrains）である。この理論では、工程全体の進度に影響を与えるネック工程を発見して、そのペースにあわせて工程の全体を同期化すること、このネック工程の前に在庫を置いて工程が中断しないよう調整弁とすること、ネック工程よりも上流工程への部品供給はネック工程に同期化させること、を説いている。このような考え方をドラム・バッファ・ロープという。ドラムをネック工程の進度に、バッファをネック工程の調整用の在庫に、ロープを上流工程の進度をネック工程の進度にあわせることになぞらえているのである。

▶ 延期と投機

　SCM のような生産・流通システムについての考え方に、延期と投機の理論がある。延期と投機の理論とは、生産と流通活動をどの時点で行うかという視点から分類するものである[6]。ここで延期とは、生産から流通、消費に至るプロセスの中で、製品の生産と在庫の形成を実際の需要である実需が発生する時点、あるいは消費に近い時点まで引き延ばすことである。投機とは、延期の反対概念で、実需に先立って計画に基づき前倒しで製品の生産と在庫の形成を行うことである。前者を突き詰めれば受注生産になり、後者は見込み生産となる。従来の生産・流通は投機的な活動が中心であった。これは早い段階での生産・在庫形成は、需要予測に基づいた計画が実需と乖離した場合に欠品による販売機会の損失や売れ残りによる在庫増といったん在庫リスクを抱えるものの、大量生産や早期仕入れによるコストの削減や納期の短縮を可能にするからである。投機的な活動は、実需が発生する店舗から距離的に離れた場所での生産・在庫が可能となる点でも、メーカー主導の規模の経済を追求する場合に適した選択であった。

　しかし消費者ニーズの多様化や取扱アイテム数の増加で多品種少量生産が一般化すると、当初の計画と実需との乖離による在庫リスクの問題が顕在化したために、最も注文から納品に至るリードタイムが長期化するという点で、

6　延期と投機を流通と同時に生産の決定問題に拡大する考え方として矢作（1996）が参考になる。

完全な受注生産をすることのできる製品分野は多くない。延期的な活動を行うために店舗の近くで分散して在庫を形成することが可能だとしても、すでに存在するメーカーの大規模工場に代わり生産拠点を分散するというのは現実的ではない。ところが延期的な活動は、EDI や POS の普及により相当程度可能になる。すなわち企業間の受発注情報が電子化し消費者に販売された実需情報が電子化することで、情報を迅速かつ正確に捕捉でき、直前の実需情報に基づく生産・在庫形成が可能になったのである。

　もっともこうした延期的な活動は生産者や卸売、小売業が単独で行っても、前述のような取引先の機会主義的行動に阻まれたり、正確な実需情報を迅速に把握できなかったりすると、有効性は高まらない。そこで取引先企業間で協働する SCM が必要となるのである。

　SCM が導入されていないために企業間の協働が見られない場合、小売が卸に、卸がメーカーに、メーカーの営業部門が工場に、工場が部品メーカーに発注する際は、各部門が市場の販売動向や在庫状況といった客観的情報や、需要予測などの主観的情報に基づいてその数量を判断することになる。商品の発注が全くの憶測だけで行われることはなく、入手できる情報に基づいて何らかの判断を行っているが、その情報はサプライチェーン間の断絶のために質量ともに十分なものとはいえない。

　この結果、図表 6-2 のように実際の需要が増幅されて発注がなされるおそれが生じる。ここでは需要予測が次第に上ブレし、150 個の商品を生産したにもかかわらず、実際には 100 個しか購入されていない。サプライチェーンの各段階ともに欠品による買い手側のクレームを避けるため、余分に発注を行ったり予測事態が上ブレする傾向が強いのである。これを、牛に振るう鞭がしなって手元での小さな力が先端では大きな力として届くことになぞらえてブルウィップ効果（Bullwhip Effect）という。ブルウィップ効果によって各部門に在庫が積み上がり、これを解消するために押し込み販売や返品といった慣習が生じ、その結果サプライチェーンの企業間に相互不信が生まれてしまう。このようなことが続くと川上側は川下の発注量を割り引いて生産計

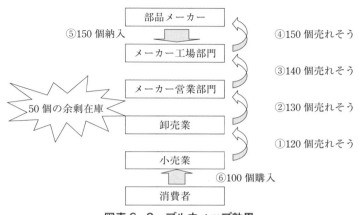

図表6-2　ブルウィップ効果

画を考えることになるから、結局市場の販売動向を反映することができず、売れ残りや欠品といった無駄を生むことになる。

▶ SCM の類似概念

　SCM は 1990 年代の半ばにアメリカで普及した概念であるが、これに類似した概念は多数存在する。SCM がどの業界にでも通じる普遍的な概念であるとすればそれに先んじて特定業界で、似たような取り組みが行われた。

　その一つが QR（Quick Response：クイックレスポンス）である。QR とは、1980 年代半ばにアジアからの繊維製品輸入の増加に危機感を抱いたアメリカカジュアル衣料業界が行った生産・流通活動の効率化である。もともと衣料品・繊維産業は、完成品の企画・試作・成形・仕上げの他に、その前工程が紡績・染色・裁断・縫製と細分化するために生産過程が多段階にわたることに加えて、各工程を異なる小企業が受注している場合があり、発注元である完成品のアパレルメーカーが、各工程の在庫や納品日数を正確に把握することは容易でない。一方で、衣料品は定番商品の需要予測が容易であるとしても、季節商品や流行性の高い商品は需要予測が困難であるから、デザイン

や仕様の変更が多い多品種少量生産で迅速な納品が要求される。そこで QR の取り組みでは、アパレル製品のサプライチェーンを構成する各企業が、商品の売れ残りと欠品を避けるとともに流行に対応した商品を迅速に納品する目的で、POS データなど店舗の実売情報や発注情報を電子的に川上に伝達することで、追加需要の情報を生産現場に迅速に伝達し、各段階での在庫を減少させて商品回転率の向上を達成させた。

　この取り組みの成功にならって 1980 年代後半には食品・日用雑貨品業界で ECR（Efficient Consumer Response：効率的消費者対応）が導入された。ECRとは、小売業が生産者と共同で生産と在庫の適正化を図り、低価格での商品仕入れを目指して、店舗の POS データを生産者に開示することで生産・流通活動に反映させた取り組みである。具体的にはアメリカ最大の小売業である Wal-Mart（ウォルマート）が、自社の売上や在庫情報を P & G 社に提供し、P & G はウォルマート専用の工場を設けるとともに、受領した情報に基づいた自動納品システムを構築した。このような実需に基づいた生産から納品に至る活動の効率化によって各段階での在庫回転率が向上し、ウォルマートは大幅な仕入れコストの削減効果も得られた。

　こうした各業界の取り組みが SCM として包括化された。なお P & G がウォルマートとの間で行った自動納品システムは、VMI（Vender Management Inventory）といわれる。VMI とは、小売業が自らの在庫管理や発注を行うのではなく、販売状況や在庫量といった過去の実績値と、販促活動の予定といった情報を提供することで、納入業者が自己の責任で小売業の在庫管理や納品作業を行うものである。納入業者にとっては、顧客企業の発注に依存せずに納品することから、需要予測が容易になるとともに不必要な在庫を削減でき、生産コストの削減が可能になる。小売業にとっても在庫の最小化とそれによる商品回転率の向上が期待できる。この方式をとるには両者に協働関係に裏づけられた信頼関係があることが欠かせない。

　そして SCM を進めた方式が 1996 年にウォルマートと、消費財を中心とするメーカーの Warner-Lambert（ワーナー・ランバート）社（当時）との間で

行われた CPFR（Collaborative Planning, Forecasting and Replenishment：協働的計画・予測・補充）である。CPFR はサプライチェーンを構成する企業が、協働で計画・予測を立て、補充を行っていく仕組みであり、販売結果や在庫といった過去の実績値を共有するだけでなく、将来的な需要予測を販促の実施予定や新商品の発売時期、既存商品の生産計画などの情報交換を通じて行い、その予測に基づいて商品補充までを自動で行う点に特色がある。

　なお SCM は生産から流通に至るサプライチェーン全体での協働であるが、製造工程に限定して行われる同種の取り組みが、トヨタ自動車のカンバン方式のようなジャストインタイムである。これは製造業が製造工程の部品調達を必要最小限に抑えるとともにリードタイムの短縮を達成することに収益性の向上を目指す仕組みである。ジャストインタイムを徹底して行うためには受注生産が望ましいが、これで成功した企業の一つがパソコンの製造販売を行うデルである。パソコン製造で受注生産が可能になったのは、複数の部品が組み込まれた塊（ユニット）のうち、それが各単位で独立した機能をもちながら他のユニットとの互換性を有するモジュール化が進んでいるために、工程の簡素化・迅速化を進めることができたからである。

3.　クラウドコンピューティング

▶ クラウドの概要

　クラウドコンピューティング（以下、クラウドという）とは、自らは IT 機器を所有せずに、ネットワークを通じて、顧客管理システムや会計処理システムなどを、必要に応じて提供・利用する形の IT サービスの仕組みのことをいう[7]。クラウドは企業、個人ともに利用可能であり、提供事業者の多くはシステムインテグレーターやソフトウェア会社のように従来から情報システム関連事業を行っていた企業である。個人ユーザーに対しては、ID とパス

7　経済産業省（2010b）の定義による。ほかにクラウドについてまとめた政府資料として総務省（2010b）がある。

ワード管理によって不特定多数に提供されるため比較的低価格で利用可能な
パブリッククラウドが、企業ユーザーに対しては、高価格となるがセキュリ
ティと利用の安定性を高めるために特定の組織専用に提供されるプライベー
トクラウドが提供されることが多い。

　提供事業者は大型サーバやルータなどの通信設備を備えたデータセンター
を各所に保有しており、ユーザーはそこにインターネットなどのオンライ
ン・ネットワーク経由でアクセスしてさまざまな処理を行い、その利用に応
じた費用を支払うことになる。通信回線の高速化により、ユーザーが自前で
用意した端末にインストールしたソフトウェアで処理していた機能の多くを、
ネットワークを経由したクラウドサーバにゆだねることが可能になった。

　クラウドで提供されるサービスは、大きく3つの階層に分けることができ
る。第一は、従来パソコンにインストールして処理していたようなソフトウ
ェアやアプリケーションをネットワーク経由でサービスとして提供するもの
で、SaaS（Software as a Service）といわれる[8]。個人ユーザーにもなじみのあ
るグーグルのメールサービス Gmail はその一例であるが、企業ユーザーに
対しては Salesforce.com が提供する Salesforce CRM のような、顧客管理や
営業支援などの高度なアプリケーションも存在する。

　第二は、パソコンでソフトウェアを利用するために必要な OS（Operation
System）やプログラミング言語などのプラットフォームをネットワーク経由
でサービスとして提供するもので、PaaS（Platform as a Service）といわれる。
Gmail などのグーグルが SaaS として提供するソフトウェアを円滑に操作す
るための Google App Engine がその一例である。

　第三は、データを蓄積し処理するためのパソコンやサーバといったハード
ウェアで構成されるインフラストラクチャをネットワーク経由でサービスと
して提供するもので、IaaS（Infrastructure as a Service）といわれる。ユーザー
にとってはハードウェアという有形財を自ら保有するのではなく、現実にど

8　従来は ASP（Application Service Provider）が提供していたサービスがこれにあたる。

のデータセンターを利用しているのかが明らかでないという点で仮想化されたコンピュータ基盤を利用していることになる。個人ユーザーの場合はSaaSの利用が中心となるだろうが、企業ユーザーの場合は基盤としての性格がより強いPaaSやIaaSの利用も一般的であり、これらを導入することで大きなメリットが生まれる。

▶ クラウドのメリット

　ユーザーにとってのクラウドを利用することのメリットの第一は、多額の初期投資や運用、保守費用を負担せずに、比較的低額の利用料で高度の情報処理機能を利用できることである。端末へのソフトウェアのインストールやアップデート、サーバの購入やメンテナンスをせずにすむことはその一例である。企業ユーザーにとって自社で、事業の拡大にあわせて端末を次々に増やしていくことや、データやアクセスの増加に伴ってサーバの容量を増やしていくことは大きな負担になるが、クラウドサービスを利用することでそうした作業から解放される。また、ビジネスの拡大に応じてクラウドの利用範囲を拡張することができ、逆に事業縮小時に投資した分を埋没化させるおそれもなくなる。つまり、これまでは初期投資として固定費化せざるを得なかった情報システム対応を、毎月の使用料といった形で変動費化できることになる。

　第二はネットワークを活用したデータ共有である。このことによるメリットの一つは、コスト削減効果である。すなわち、ユーザーが日常的に使うクライアント端末の処理を必要最小限に抑え、大半の処理をサーバ側に集中させるというシンクライアントの概念を実現することも可能になる。したがって、大量のデータをクラウドサーバに置き、処理・分析もそこにゆだねることで、高性能の端末を保有する必要がなくなる。

　もう一つのメリットは、パソコンへの入力内容を携帯端末と同期化するような手間を負わずとも、クラウドへのアクセスによって情報の閲覧や更新が可能となることである。どこにでもコンピュータが存在するというユビキタ

ス・コンピューティングという概念がある。これはパソコン、携帯電話、テレビや家電製品などあらゆる電化製品にコンピュータ機能やインターネット接続機能が設けられることを指していたが、個々の端末にデータを蓄積している段階ではそれらを共有し同期化することは容易ではなかった。しかしクラウドの利用によって、端末だけでなくデータ・情報のユビキタス化が可能になるのである。企業ユーザーの場合は、データ共有を社内で可能にするだけでなく、SCMのように他社との協働を進める点でも有効となるだろう。

　第三のメリットは、セキュリティの向上である。個々の端末にデータを保存したり複製したりする必要がなくなり、クラウドにまとめることができる。したがって保有している多数の端末のうちの一台でも紛失やセキュリティの欠陥があった場合に、そこから情報が漏洩してしまうというおそれがなくなり、セキュリティのリスクは相対的に低くなる。

　一方、クラウドサービスを提供する事業者にとってのメリットは第一に、保有資源（リソース）の効率的利用である。高機能のソフトウェアへの処理命令がいちどきに殺到する可能性は低く、仮にそうした場合でも、データセンターでの仮想化や分散処理によってリソースを効率的に利用することが可能となる。無駄なリソースを保有する必要がなくなることで、クラウドサービスの低コストでの効率的運用が可能となり、結果として低額でのサービス提供が可能となることでユーザーの増加や高収益を見込めることになる。

　第二は、ユーザーの囲い込みである。クラウド上にユーザーのデータが保存されたり、ソフトウェアを利用したりするとそこから他社への乗り換えにコストを要することになる。ユーザーのスイッチングコストが高まるから、提供事業者にとっては信頼に足るサービスを提供することで既存ユーザーの囲い込みが容易になる[9]。

9　なお経済産業省（2010b）は、社会全体で見たメリットとして、クラウドの利用によるリソースの共有が資源の効率的利用の向上や、排熱処理機能を高めた大型データセンターでのコンピュータ処理が増えることで、二酸化炭素の排出削減といった環境に与える効果についても指摘している。

▶ クラウドの問題点

　クラウドサービスの問題点の第一は、セキュリティの確保である。情報を一か所に集中することは、上述したように情報漏洩のおそれを低下させるが一方で、クラウドにアクセスするためのパスワードの漏洩や、データセンターへのハッキング行為の増加、第三者であるクラウドサービス提供事業者による意図的な情報漏洩のリスクは高まることになる。またサービス提供事業者がデータのバックアップをとることになれば情報漏洩のリスクはそれだけ高まることになるし、さらにクラウドサービスの提供事業者が経営破綻をしたような場合に、蓄積していたデータを完全に取り戻すことができなくなるおそれも生じる。

　第二に、クラウドサービスがグローバルに提供される場合、データの所在地により適用される根拠法が異なる問題がある。日本の法制度は日本国内にしか及ばないから、データセンターが設置された国の法制度によっては、保管されたデータの開示を要求されたり、データの日本国内への回収が困難になったりするリスクがある。

　第三に、同様にグローバルなクラウドサービス展開がなされ、国内企業が海外のクラウドを利用した場合、わが国のクラウドサービスにおける市場シェアが低下するだけでなく、国内での技術蓄積が進まなくなるという問題がある。情報システムを構築し運用するデータセンターが海外に存在すると、それに関する技術習得の機会や新たな技術開発をするための基盤が国内に存在しないこととなり、エンジニアの育成を国内で行うことも困難となるおそれが生じるからである。インターネット上の多くのビジネスと同様に、クラウド市場も提供事業者間の優勝劣敗が明確化しやすいと考えられるので、市場が成長期にある早い段階で国内のクラウドサービス提供事業を拡大させる必要性が高い。

7 章
オンライン・プラットフォームと中間流通機能

1. プラットフォームビジネスの成長

▶ オンライン・プラットフォームの概要

　不特定多数のユーザーのアクセスにより莫大な情報が流通するインターネットでは、それらユーザーやその情報を仲介するサービスがさまざまな便益をもたらす。そうした情報仲介の一つが2章で述べたようなモール型サイトであるが、こうしたサービスは多様化しており、それらを総称してオンライン・プラットフォームということがある。すなわちオンライン・プラットフォームとは、インターネットをはじめとするオンラインネットワーク上で提供される情報仲介の場であり、その参加者に価値を提供する製品・サービス群の基盤である[1]。

　インターネットは、民泊・フリマアプリ・クラウドソーシング・クラウドファンディングなど多数分散する小規模の需要と供給をマッチングする機能に優れていることや、小売業をはじめ事業によっては参入時の初期コストの抑制が可能であることから、序章で指摘したように小規模事業者の参入を促

1　総務省（2012）はオンライン・プラットフォームをICTネットワーク、とりわけインターネットにおいて、多数の事業者間ないし多数の事業者とユーザー間を仲介し、電子商取引やアプリ・コンテンツ配信その他の財・サービスの提供に必要となる基盤的機能とする。また、より広い概念として基盤や土台のことを指すプラットフォームがある。プラットフォームという言葉の使われ方は多義的だが、こうしたオンラインに限定されないプラットフォーム提供企業の成功が国際的産業構造に与える効果を論じたものに立本博文（2017）『プラットフォーム企業のグローバル戦略—オープン標準の戦略的活用とビジネス・エコシステム』有斐閣がある。

進する特徴を有する。そしてオンライン・プラットフォームはこのマッチング機能の提供によって成長してきた。またスマートフォンの普及でインターネットへのアクセス数の増加や各種アプリケーションの活用がそれまで以上に容易になったことで、オンライン・プラットフォームビジネスの成長はより加速している[2]。

　オンライン・プラットフォームでは3章で述べた情報財と同様、ネットワーク外部性がはたらきやすい。とくにSNSやフリマアプリなど消費者の利用を中心とするサービスでは、消費者は企業と比較して取引の安定化を志向する必要性が低いので、取引先の変更が容易となり結果的にネットワーク外部性はより強まる。

　その結果、オンライン・プラットフォームは事業ごとに優勝劣敗が進み、寡占化が生じやすい。ただし、PCからスマートフォンへの消費者の利用端末の変遷にあわせて、SNSではFacebookからLINE、C to C取引ではヤフーオークションからメルカリへとユーザーの移行が進んだように、シェアの大きな変動が生じることもある。またTwitterのようにバーチャルな領域で匿名のつながりが中心となるSNSと異なり、リアルな交友関係で実名でのつながりが中心となるSNSでは、日本ではLINE、中国ではWeChat、韓国ではKakao Talkというように、国別に異なるサービスが並び立っている。

　オンライン・プラットフォームはプラットフォーマー単独でビジネスが成立するのではなく、ネットモールでの売り手や買い手のようにプラットフォームへの参加者の存在が欠かせない。プラットフォーマーとこうした参加者すべてのビジネスの広がりは、あるエリアでの動植物の群集とその背景にある物質循環を意味する生物学の生態系になぞらえて、エコシステムということがある。従来の商品流通では原材料、部品メーカーから完成品メーカー、流通業者に至るサプライチェーンが特定のチャネルリーダーのもとで排他的に管理されることが多く、そうした閉鎖的な管理系統のもと、取引参加者の

2　根来（2017）は、オンライン・プラットフォームをビジネス活動の視点から分かりやすく解説している。

諸活動で付加価値を増やしていくバリューチェーンが多く見られた。しかしオンライン・プラットフォームではネットワーク外部性に見られるように、参加者を増やすことがエコシステムを大きくし、当該プラットフォームの付加価値増大にもつながる。そのため、プラットフォーマーは開放的な参加者獲得を行う傾向にある[3]。

　オンライン・プラットフォームではサービスがレイヤー（階層）化していることが多い。たとえば電子書籍のプラットフォームであるアマゾン社のKindleでは、コンテンツをダウンロードするネットワーク回線の階層、コンテンツを閲覧するPCやタブレット端末のようなハードウェアの階層、ハードウェアを動作させるためのWindowsなどのオペレーティングシステムの階層、Kindleという閲覧ソフトの階層、Kindleストアというコンテンツの販売サイトの階層に分かれている。アマゾン社はKindleストアでの販売を増やすために、多様な接続形態や端末からの利用を促すために、ネットワーク回線からオペレーティングシステムのレイヤーを開放的にすることでエコシステムの拡大を目指す一方で、コンテンツの質量の確保や収益モデルの確立のために、閲覧ソフトや販売サイトのレイヤーは閉鎖的にして自社のコントロール力を強めている。

　レイヤー化が進むのは、モジュール化、ソフトウェア化、ネットワーク化にその原因を求めることができる[4]。モジュール化とは機能的なまとまりをもった単位であるモジュールが、あるシステム全体の中でいくつか存在し、各モジュールの接合部分が公開されることでモジュールを独立して設計、運営できるようにすることである。たとえば、楽天トラベルのような旅行プラットフォームでは、ダイナミックパッケージやフリーツアーなどとよばれる航空券とホテルの組み合わせが多数販売されているが、これは宿泊に加えて観光や観光地間の移動、食事もセットになったパッケージ旅行と比較して、

3　その開放性には、プラットフォーマーによって程度の差は生じる。たとえばスマートフォンのアプリ提供ではApple storeはGoogle Playよりも提供者に厳しい制約を課すことで相対的には閉鎖性が強い。
4　根来（2017）43頁の指摘による。

旅行というシステムをフライトと宿泊という２つの単位に分解して、市内の移動という両者の連結部分を利用者にゆだねたモジュール化商品であるということができ、フライトや宿泊先といったレイヤーごとに豊富な選択肢が買い手に与えられたことで検索の利便性に優れるオンライン・プラットフォームでの販売が盛んになった。このようにシステム内部の部品やサービスがモジュール化することは、そのシステムのレイヤー構造化を進めることになる。

　ソフトウェア化はコンピュータを動作させるためのプログラムであるオペレーティングシステムや、その上ではたらくアプリケーションというようなレイヤー化を進める。またネットワーク化は、膨大な情報の収集、分析、発信というレイヤー化を進めることになる。

▶ 寡占化するプラットフォーマーへの監視

　オンライン・プラットフォームは、取引の利便性向上など多くのメリットを中小企業や個人ユーザーを含む取引参加者に与えているものの、GAFA（Google, Apple, Facebook, Amazon）といわれるように分野ごとのプラットフォーマーの寡占化が生じている。それはオンライン・プラットフォーム市場が、①ネットワーク外部性や、②３章で述べた費用逓減という特徴を有するからである。すなわち、①オンライン・プラットフォームにおいては取引参加者の増加が当該プラットフォームの魅力度を向上させ、さらに参加者の増加をまねくというネットワーク効果が存在すること、②プラットフォーム事業は製造業や流通業ではなくデジタル財を利用した情報仲介業であるために、事業開始時の初期投資は多額になるが、取引量や参加者が増加する際に要する追加的変動費はきわめて少額ですむことで規模の拡大が収益の急拡大につながる収穫逓増ビジネスであることが、寡占化をまねくことになる。

　そもそも市場経済社会のもとでは企業活動は本来自由であるべきで、競争によって資源の効率的配分が達せられる。しかし寡占化や費用逓減のような市場の失敗要因が存在する場合には、そうした最適化が行われなくなるので、政策的関与が合理性をもつことになる。

その反面、前述したようなインターネットの小規模ビジネスとの親和性という観点から、プラットフォームへの取引参加者は中小企業や個人ユーザーなど小規模零細化しやすく、両者の交渉力の差は次第に拡大することが予想される。

　商品流通分野における公正競争を促す観点から、独占禁止法の具体的運用指針として流通・取引慣行ガイドラインが存在する。しかし、売買契約の締結を前提とするサプライチェーンにおける垂直的あるいは水平的競争関係を伝統的に規制対象としているため、オンライン・プラットフォームについては、売買契約自体には直接には関与せず取引の場を提供するにとどまるために、具体的な規制の運用基準が明確とはいえない。2017年には流通・取引慣行ガイドラインが、制定以来26年間に生じたメーカーから大手小売業への交渉力の転移や電子商取引の成長といった環境変化に対応すべく、初めて大幅に改正された。同改正ではたとえば、メーカーが小売企業のオンラインでの販売を許容するか否かの選択権を有する「選択的流通」については、それが小売企業の価格拘束をまねき公正な競争を阻害するおそれがないことや、他の小売企業には認めるような差別的取り扱いがないことなど一定の基準を満たせば許容されることが明記された。

　しかしたとえば、ホテル予約サイトを運営するプラットフォーマーがそこで販売を行うホテルに対して、他サイトでの提供価格を自社サイトよりも低くした場合には、自社サイトでの販売価格も当該低価格に揃えることを要求するような「価格均等条項」あるいは「最恵待遇条項」についての合法／違法基準は同改正には盛り込まれなかった。一方で海外ではプラットフォーマーに対する政策的関与が強まっている。

　たとえばEUでは、プラットフォーム運用における透明性の向上や、利用者による苦情処理システムの確立を通じて、寡占化が進むオンライン・プラットフォーム市場における公正な競争を確保することを目的とした「オンライン仲介サービスのビジネスユーザにとっての公正性・透明性の促進に関する規則（オンライン・プラットフォーム規則：REGULATION OF THE EUROPEAN

PARLIAMENT AND OF THE COUNCIL on promoting fairness and transparency for business users of online intermediation service)」が 2019 年に成立した。またプラットフォーマーらが有するパーソナルデータを個々人が主体的に管理できるようにするための「一般データ保護規則（GDPR：General Data Protection Regulation)」は 2018 年から施行されている。

　日本でも公正取引委員会は上記改正ガイドライン公表後に、アマゾンジャパンの取引仲介サイト（マーケットプレイス）や電子書籍事業に対して、出品事業者や出版社に対して他のプラットフォームでの取引価格や取引条件と同等の水準での取引を要求する「価格等均等条項」の締結を強要していたことを問題視して立ち入り検査を行っている。今後プラットフォーマーの寡占化が一層進めば、川上の供給先となる企業に対してだけでなく、川下の個人ユーザーも含めた購入者に対しても、たとえば独占的地位を背景に会員登録を有償化したり、複雑化させることで他サイトでの会員登録へのスイッチングコストを上昇させたりするような行動も予想されるため、寡占的で支配的立場に立ちうるプラットフォーマーによる競争阻害的な行動に対する、競争促進的な流通政策が欠かせない。

▶ オンライン・プラットフォームと規制緩和

　インターネットでは小規模で多数の需給のマッチングや低コストでの事業開始が可能という特徴を活かして小規模事業が派生しやすく、そうした新規事業をオンライン・プラットフォームは取り込むことで拡大してきた。一方で、新規事業は既存の規制と抵触することで軋轢が生じる場合もある。その典型例がシェアリング・エコノミーである。

　シェアリング・エコノミーとは、物や場所、サービスなどを所有するのでなく一時的に賃借することで、あたかも共有しているかのように利用することである。宿泊場所を賃借する民泊（Vacation Rental）や、乗用車におけるカーシェア、乗用車での移動サービスであるライドシェアなどがある。シェアリング・エコノミーは低価格での利用など個人ユーザーの利便性向上や、当

該事業をまとめるプラットフォームビジネスの拡大といった長所はあるが、関係するビジネスに携わる既存業界との軋轢や、安全・衛生面などの規制を免れることでの品質低下のおそれという短所もある。

　たとえば民泊は、日本では外国人観光客の誘致や国内景気回復での宿泊需要の高まりから宿泊施設のひっ迫状態の緩和のため、政府が規制緩和を進めてきた。一方で旅館業法による規制を受けるホテル・旅館業界からの民泊市場拡大への抵抗も強かった。2019年現在では旅館業法の規制緩和が行われた一方で、民泊は東京都大田区や大阪市など特区民泊と称される国家特別戦略特区内の特定自治体内の各条例、2017年に成立した民泊新法といわれる住宅宿泊事業法の規制のもとで認められている。

　しかしライドシェアは米国ではじまり多くの国で成長しているが、日本ではタクシー事業は道路運送法上の一般乗用旅客自動車運送事業として厳格な要件が定められている。結果として、既存のバス・タクシー事業者による輸送サービスの提供が困難な場合に、地域の関係者による協議を経たうえで、道路運送法の登録を受け、必要な安全上の措置が講じることで認められる、主に過疎地域での「自家用有償旅客運送」を除けば、ライドシェアは認められていない。一方でタクシー運転手の減少がすでにはじまっており、今後の高齢化と人口減少でタクシー需要の拡大と供給減少が一層見込まれること、安全確保であれば運転歴や事故歴によってライドシェアの運転手を限定するなどの規制も可能であることから、今後のライドシェア規制緩和の可能性もある。

2.　中間流通企業を取り巻く環境

▶ 中間流通業者不要論

　電子商取引が普及すれば生産者と小売業とがオンライン・ネットワーク上で直接取引を行うことが容易になるから、これまで両者の間を仲介していた卸売や商社といった中間流通業者が不要になるのではないだろうか。中間流

通業者が不要であるとの議論は古くから再三なされてきた。それは、1960年代に大量生産と大量消費を支えるために大手チェーンストアによる大量流通時代が到来するとの流通革命が唱えられた頃や、1980年代に流通VANやEDI導入が進んだ頃であったが、いずれのときも結局直接取引はあまり進まなかった。60年代は高度経済成長に伴う国内産業の発達で、産業財卸を扱う商社が拡大したことがその一因であった。そして80年代は消費財市場で規模的に優位に立つ大手小売企業が、卸売企業を活用することで自社の効率的な経営を進めていたことが一因であった。

しかし近年の中間流通不要論は、生産者と小売業がインターネットによって直接取引が容易になったことに加えて、小売市場での競争激化の中でシェアを拡大した大手小売業が、低価格での大量仕入れを達成するためメーカーとの直接取引を志向する傾向にあること、西友に資本参加したアメリカのウォルマートのように日本市場に参入した海外の大手小売業はもともと海外で直接取引を行っていること、といった複数の理由が根拠となっている。実際、卸売業を排除していない大手小売であっても、少なくとも取引する卸売業者の数を絞り込む傾向は顕著である。

このことは商業統計によって、1990年代に入ってから卸売業の事業所数と年間商品販売額がともに減少傾向を続けていることからも分かる[5]。こうした状況のもとで、中間流通業の存在価値が徐々に低下し、中小卸売業の淘汰と大手卸売業への集約化が進んでいる。

▶ 中間流通の機能

卸や商社といった中間流通業者にはどのような役割があるのか。モノを作る生産者や消費者に販売する小売が必要であることは分かりやすいとしても、なぜ中間流通が存在するのか。商品流通を仲介することで利益を得て商品価

5　商業統計の卸売には産業財卸を行う商社が含まれるとともに、生産者の支店・営業所も含まれており、後者の事業所数は増加傾向にあるので、消費財分野の卸売業の事業所数の減少傾向は一層顕著である。

格を上昇させるだけの無用の存在なのだろうか。そもそも卸売業は消費者に
商品を販売する商業者が小売と卸売に分化したものであるから、その機能の
一つは商業者の機能と同様、取引数を削減することにある（図表7-1参照）。

　もともと多数の生産者と多数の消費者との場所的・時間的な隔たりを結ぶ
ために流通業者は生まれてきた。両者の間で商品流通を仲介することで必要
となる生産者の販売回数そして消費者の購入回数が飛躍的に少なくなるから
である。この段階では流通業者とはすなわち小売商であるといってよい。

　ところが次第に流通業者の数が増えると、多数の生産者と多数の小売商と
の場所的・時間的な隔たりを結ぶ必要が出てきた。そこで両者の間で商品流
通を仲介する卸売商があらわれた。この段階で流通業者は、小売と中間流通
を担当する卸売に分化することになる。それでは卸売業にはどのような機能
があるのか。ここでは田島・原田（1997）を参考に考えていきたい。

　中間流通が担う機能の第一は需給接合機能である。取引数削減効果がある
から、仲介者がいたほうがその中間利得の上乗せよりも取引回数の削減によ
る低コストでより低い総費用での商品調達が可能になる。第二は情報縮約機
能である。取引数が削減されれば需要と供給の情報のハブとして、中間流通

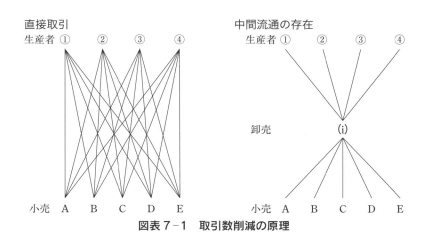

図表 7-1　取引数削減の原理

業者に情報が集約される。さまざまな小売の販売動向を入手できるから供給と需要のミスマッチを最小化できることになる。第三は輸送機能である。大手製造業者は規模の経済を追求するために少数の大規模工場での生産活動を志向するが、小売業者が商圏の制約があるために分散立地を余儀なくされる。そこで輸送によって両者の場所的懸隔を架橋することになる。第四が在庫調整機能である。最終ユーザーへの販売数量は変動が生じやすいので販売機会の損失を回避するために在庫が必要となるが、これを小売企業の各店舗で行うのではなくて、中間流通機能を担う企業がこれを集中的に行うことで、社会全体で見たときに総在庫量の削減が可能になるもので、不確実性プールの原理ということもある。第五が需要創造機能である。これは生産が消費に先行してなされることによる代金回収のずれを、中間流通が仮需要として自らの危険負担で購入して代金を支払うことによって生産者に対する金融機能を担うことである。

　かつての日本の商品流通では、生産者と小売業者の間に卸売業者が多段階存在している場合が少なくなかった。もちろん農産物のように、小規模零細な多数の生産者が広範囲に分散していて、そこから全国の消費者へと商品を流通させるためには、卸売が収集・中継・分散といった多段階に分化することの妥当性は高い。

　しかし一般的にいえば、仲介者が増えればそれぞれの取り分となるマージンが商品価格に転嫁されることになるから、仕入れ量の多い大手小売の中にはメーカーとの直接取引に移行し、低価格販売を積極化しようとする企業があらわれるのは自然であろう。たとえば、POS システムやサプライチェーン・マネジメントの活用によって情報縮約機能を小売企業が自ら担うことや、バイイングパワーを背景に輸送機能や在庫調整機能を生産者にゆだねたり、物流業者や倉庫業者へのアウトソーシングを行ったりすることは可能である。あるいは小規模な事業者であっても需給接合機能を既存の中間流通業者以外で代替するために、インターネット上の自社サイトの活用やeマーケットプレイス事業を展開するベンチャー企業[6]の活用によって、広範囲から取引先

を探すことは可能である。つまりこれまで中間流通企業が担ってきた機能それ自体が不要になることはないが、それを既存の商社や卸売企業が今後も担わなくてはならない必然性はないのである。

▶ 中間流通企業の生き残り策

　中間流通企業はこうした機能を活かしつつ生き残り策をとっているが、その方向性は大きく分けて2つある。

　第一は事業分野の拡大である。こうした戦略をとる理由は、多くの小売市場で企業の上位集中化が進み、そうした企業のバイイングパワーが増大したことへの対抗と、そうした大手小売業との取引をフルライン展開することにある。具体的な方向性は、一つは消費財卸が全国に支店網を構築するような広域化であり、もう一つは加工食品卸が冷凍食品や酒類を、医薬品卸が日用雑貨をも扱うようになる取扱商品の拡充、フルライン化である。これは規模的拡大に加えて、大手小売業が広域出店を行い、総合スーパーやドラッグストアのような品揃えの拡大による業態化を進めていることに対応するものである。この結果、卸売業がかつて大手メーカーの特約店・代理店のように生産者のマーケティング活動におけるプッシュ戦略の遂行者である販売代理人的立場にあったことと比較して、圧倒的優位を築いて品揃えの幅を広げる小売業の購買代理人的な立場に変化を遂げている。そしてこのような戦略をとるために、大手卸売業による合併やさまざまな提携が行われている。

　さらにもう一つ、総合商社による川下戦略も事業分野の拡大にあたる。従来国際的な大型取引で収益をあげていた総合商社も、輸出入手続きの簡素化や取引先のコスト削減志向のため、貿易取引は伸び悩む傾向にある。こうした中で国内消費財、とくに食品流通への関与を強めており、三菱商事による

6　世界的規模でeマーケットプレイス事業を成功させている中国のアリババグループがその典型例である。同社は1999年に中国国内での企業間取引サイトを運営することを目的に設立された新規参入企業であるが、その後、消費者向け取引サイトである淘宝網（タオバオ）やオンライン決済サービスの支付宝（アリペイ）の事業開始、アメリカ Yahoo! との業務提携やヤフーチャイナの買収を行うなど事業を拡大してきた。

ローソンや食品卸の明治屋の買収、丸紅のイオン、マルエツとの提携のように、コンビニエンスストアやスーパーマーケットの買収、食品卸売業の子会社化がその典型例である。また総合商社によるテレビ通販企業との業務提携も見られる。

第二はサービスの高度化であり、eビジネスが多大な貢献をしている。これは中間流通機能の高付加価値化といってよい。その一つは物流に関して、輸送・在庫管理機能の高度化である。小売業からの多頻度少量配送の要請や、品揃えの拡充による冷凍・冷蔵あるいは混載輸送を正確かつ迅速に行うために、生産者からの収集過程、配送センターでの仕分け・中継過程、小売業への分散過程での一貫管理による物流サービスを高度化するものである。具体的には欠品率の低下や納品日数の短縮、積載率の向上による配送車両の削減、店舗での検品・荷受け作業の削減などが該当する。

もう一つは情報流に関して、情報縮約機能の高度化である。その一例が、小売業へのコンサルテーションともいえるリテールサポートである。チェーンストアの多くが人件費削減の観点から正社員が少ないために、パートタイム従業員に店舗オペレーションの多くをゆだねざるを得ない。さらに本部機能を担うマンパワーも十分とはいえない。たとえばFSPを導入したことで会員顧客の購買履歴が収集できているにもかかわらず、それを分析し品揃えや商品陳列に活用できていないと思われる企業は少なくない。そこで大手卸がサードパーティーマーチャンダイザーといわれる外部委託先を利用することで店舗での陳列作業に関与したり、本部が担うべきマーケティング施策策定のサポートを行う例がある。これらはいずれも生産者との直接取引では得られにくいメリットを卸売が提供することで、取引の継続を図るものである。

情報縮約機能の高度化のもう一つの例が、総合商社が従来、取引の仲介を行うだけでなく取引先に対して支払い能力を審査したり異業種の多数の企業をつないできたりしたような、コーディネート機能の提供である。長期にわたって生産者とユーザー企業とを仲介してきたことで得られる社会的信用や情報収集力、取引関係を維持することで培った顧客基盤や人的つながりこそ

が中間流通企業の強みである[7]。

3. ｅビジネスによる中間流通機能の向上

▶ IC タグと物流高度化

　IC タグとは、IC（Integrated Circuit：集積回路）チップとアンテナで構成された荷札のことであり、読み取り装置の無線電波を用いて接触することなくIC チップに記録されたデータの読み取りと書き込みが可能になる荷札のことをいう。これまでデータの読み取りに利用されていたバーコードと比較するとIC タグの特徴としては、情報量が飛躍的に増加すること[8]、情報の読み取りだけでなく追加の書き込みも可能なこと[9]、スキャナを接触させて情報を読み取るのではなく離れた地点からの情報の一括読み取りが可能なこと、IC チップの特性上複製・偽造が困難であること、1 mm 四方以下に小型化されているので小さな取り付けスペースがあれば容易に付着できること、電波で交信するために汚れやほこり等の影響を最小限に抑えられること、などがあげられる。

　そしてIC タグから収集された膨大な情報は、オンライン・ネットワークによって複数の関係者が共有することが可能になるから、製造や物流の効率化とその履歴の管理、商品の精算や盗難防止、といったさまざまな活用ができる。もちろん今後のIC タグの普及のためには、バーコード方式から容易に変更できるだけのコスト低下、収集した情報に関するプライバシー保護やセキュリティの確保が進むことが望ましい。

　卸売企業はこのIC タグを活用することで物流の高度化が可能になる。従

7　島田（1998）127 頁は商社の存在意義は、買い手企業の売り手企業に対する要求内容は、単に特定の財やサービスを特定の条件で供給するということだけでなく関連情報など多様なものになることが多いので、そのような広範な情報を提供できる点にあると指摘する。
8　一次元バーコードでは、商品コードを含む英数字数十文字程度しか記録できなかった情報量が、IC タグではその数百倍の情報の記録が可能である。
9　二次元バーコードも情報量は多いが追加の書き込みができない点でIC タグと相違する。

来行っていた商品ケースを目視で一つずつ確認したり、個々のバーコードをスキャナーで読み取ったりするのは作業負荷が大きかった。しかしICタグを配送時の商品ケースや配送車両に取り付けておくことで、工場、配送センターや店舗など物流過程の各拠点に設置した無線通信用のアンテナと読み取り装置がICタグから多くの情報を瞬時に収集することができる。これは、作業効率の向上だけでなく、情報量が増えたことでそれを分析して、生産から消費に至る各企業の物流の効率性を高めていくこともできる[10]。また工業製品だけでなく、大量の生鮮品が入荷し、多数の卸売業者が取引に参加する卸売市場でもICタグの導入は、従来の労働集約的な商品仕分けや確認作業を大幅に効率化する[11]。

この他のICタグの具体的活用事例の一つが、トレーサビリティである。一部の乳製品メーカーや小売店などで食中毒や異物混入、生鮮食品の産地偽装やラベル張り替えといった虚偽表示が相次ぎ消費者の食品に対する信頼性が揺らいだ。そこで食品に関する詳細な情報を消費者に提供し、事故発生時には原因究明や回収を容易にするために食品トレーサビリティ・システムの導入が広く検討されている。これは図表7-2のように生産段階で各商品を識別できるIDをつけたうえで生産・加工、配送、販売の各段階の情報を蓄積し、食品の流通経路を追跡するシステムである。

ICタグの問題点としては、比較的商品単価の低い食品につけるにはタグの価格が高いこと、技術的には商品販売後の消費者宅の消費や蓄積状況まで把握可能となるのでプライバシー侵害となりうることが指摘されている。ICタグの低価格化とともに、セキュリティや情報アクセス制御などの機能により、利用者が安心して利用できる基盤の整備が必要である。

10　小売企業の場合もICタグによって店頭での検品や棚卸が迅速化・効率化するだけでなく、衣料品店で来店客が欲しい商品の展示品を読み取り装置に近づけると、色違いやサイズ違いの同型商品について自店や他店の在庫状況を調べることができるような接客サービスの向上につなげたり、書籍が正規に購入されたものか否かの情報をICタグに記録することで、中古書店への転売を難しくし書店での万引き防止策につなげたりするような効果が期待できる。

11　農林水産省（2006）は、東京都大田区の大田市場で電子タグの実証実験により、青果物の流通における検品や分荷等の作業時間が3割削減されたことを紹介している。

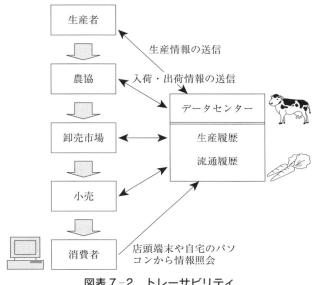

生産情報の送信

入荷・出荷情報の送信

データセンター

生産履歴

流通履歴

生産者

農協

卸売市場

小売

消費者

店頭端末や自宅のパソ
コンから情報照会

図表7-2　トレーサビリティ

▶ CRM とリテールサポート

　カスタマー・リレーションシップ・マネジメント（Customer Relationship Management：以下、CRM）とは、既存顧客との継続的な取引関係を維持していくことを重視する手法である。これは売上高を増やすような量的拡大よりも、収益性を高める質的向上を目的とするものである。既存顧客に取引を継続してもらうよりも新規顧客を獲得することは高いコストが必要になるといわれてきた。一般的には既存顧客をつなぎとめ維持する費用は、新規顧客を獲得するコストの5分の1程度ですむといわれる。したがって投資効率や収益性の点からは、高い費用をかけていたずらに新規顧客を獲得するよりも、既存の顧客の満足度をあげて維持し、得意客になってもらうほうがよい。

　こうした管理手法は従来から企業間取引では行われてきたが、近年消費者向け取引でも店舗販売でのFSPやネット通販で大量の顧客データを収集できるようになったので一般化した。しかし、収集したデータを退蔵させず活

用することは容易ではない。

　小売業のそうした状況を支援するのが卸売業のリテールサポートである。たとえば食品卸売業大手の菱食は、食品スーパーのFSPデータの分析事業を開始した[12]。これはFSPを実施しているが人材不足などからデータ分析ができていない小売業に代わって分析とマーケティング活動への提案を行うものである。具体的には、まず購買履歴に基づいてFSP会員を30種類にグループ化し、ついで店舗別にどの会員グループが多いかという定量的分析を行う。この分析結果とFSP会員に対するグループインタビューなどの定性的調査をあわせて、顧客グループの分布が似ている店舗の商品構成をパターン化していくものである。菱食は小売に対するリテールサポートで取引拡大を目指し、将来的には分析結果を商品開発に用いるメーカーに販売していくとしている。

▶ eマーケットプレイス

　eマーケットプレイスは、オンライン・ネットワーク上で複数の売り手と買い手が会して売買を行う企業間の取引市場のことをいう。これはネット通販におけるネットモールのような、多数企業によるN対Nの仮想市場、電子市場であり、取引先の新規開拓を可能とするためにインターネットのようなオープンなオンライン・ネットワーク上に展開される。

　eマーケットプレイスはその運営事業者の立場によって次のように3つに分類することができる。

　第一は買い手側企業の主催によるものである。この場合、バイイングパワーをもつ買い手が集まることで売り手に対して強い影響力を与え、低価格での商品調達をすることが目的となる。そのため同一業界の複数企業が共同出資する業界コンソーシアムになる場合が多い。業界ごとに標準化された商品を各企業が調達したり、買い手企業同士が系列や競合関係を超えて原材料を

12　『日経MJ』2008年3月17日「菱食、売れ筋分析事業」参照。

共同購入し、一回の発注量を増やしてスケールメリットを追求することで調達業務の効率化を図る。このようなeマーケットプレイスには自動車業界のCovisintや消費財小売業界のNeogridがある。

　第二は売り手側企業の主催によるものである。この場合、売り手企業が競合することを避けるために、売り手側が取引関係で優位に立てる商品分野が中心となる。たとえば化学繊維大手の東レと帝人が中心となって設立したeマーケットプレイスのファイバーフロンティアは、繊維メーカー側が買い手となる取引のほか、売り手となる取引も行っているが、そこで販売される製品は、売り手に交渉力のある原糸が中心である。

　第三は売り手にも買い手にも属さない中立的な第三者の主催によるものである。これは新規事業として参入するベンチャー企業によるもの、システムインテグレーターやソフトウェア開発会社など情報システム関連企業によるもの、商社や卸売といった既存の中間流通業者によるものに分類することができる。ベンチャー企業によるものとしては中国のアリババや日本の衣料品販売を仲介するラクーンがあり、中間流通業者によるものとしては後述する食品販売を仲介するインフォマートがある。

　eマーケットプレイスの機能は第一に、複数の売り手と買い手が一堂に会することで取引相手を探しやすいという市場機能である。この場合の価格を中心とする取引条件決定方式は以下のように分類できる。

　一つは消費者向け取引におけるネットモールに類似したカタログ取引である。これは複数の売り手がeマーケットプレイス上にカタログのように販売商品と価格を表示して、その中から買い手が購入希望商品を検索し、条件に合ったときに発注するものである。あらかじめ表示された価格で取引されるのが原則であり、売り手企業が多数存在し、販売される商品の数も多いときに適した取引形態である。

　2つめは企業間の相対取引に類似したマッチング取引である。これは複数の売り手の希望販売価格と複数の買い手の希望購入価格とのマッチングを行い、条件が合致した場合に契約を成立させるものである。調達企業が複数企

業に出す合い見積もりを電子上で行うようなものであり、個別折衝が不要となるから取引コストの削減や、仕様の定まった汎用品のスポット取引について自己の希望条件で受発注が可能となる点で適している。

　3つめはオークション取引である。これは売り手が提示した販売商品に対して、複数の買い手が購入希望価格を入札して最高価格で入札した買い手が落札する順オークションと、買い手が詳細な仕様とともに提示した購入希望に対して、売り手が販売価格を入札していき、買い手の購入条件のもとで最低価格で入札した売り手との間で契約が成立する逆オークションがある。前者は売り手の在庫品の販売に適し、後者は買い手が大量に商品を調達するときに適している。

　ところで、特注品や戦略的に仕様を公開するに適さない商品は、買い手にとっては情報の守秘と長期にわたって安定的な調達をする必要があるし、売り手にとっても開発コストや生産設備などの投下コストを回収する必要があるから、取引先を限定して協働関係を築くSCMが適している。しかし規格化され多数の企業が製造できるようなコモディティ的な汎用品については、取引先を限定する必要性は低く、価格や納期に敏感になることができる。そこで商品調達の効率化やコスト削減、需給変動の調整という観点から、eマーケットプレイスでの取引が適していると考えられる。

　もっとも、現状ではN対N型の取引が電子商取引に占める比率は高くない。これは企業間取引では電話や訪問を含めた人的関係に基づいた営業活動が重視されていることに加え、企業が自社で消費する間接材は別として、販売する製品に組み入れる直接材については価格よりも品質や安定的供給を志向するため新規取引先の開拓に慎重であること、新規取引先を開拓した場合は次回からの取引をeマーケットプレイスを介さない相対取引に移行させる場合があることが理由であると考えられる。

　そこでeマーケットプレイスが提供する機能の第二が、電子認証や決済など電子商取引に不可欠なサービスを提供したり、受発注データの管理システムをASPで提供したりするような付加価値提供機能である。企業が資材調

達をする際は、製造部門や生産管理部門の調達依頼を受けた購買部門が、一定の候補先から供給先を選定して商談に入ることになる。もちろん、候補先の選定をする段階では信頼性や生産水準、製品の実査など各種の情報収集を行っていることが前提になる。これはeマーケットプレイスを利用する場合も同様で、機械的に価格面だけで新規取引先に発注できるものではない。したがってeマーケットプレイスを取引先の新規開拓に利用するのではなく、既存取引先との事務処理効率化に利用する場合も多いのである。

つまりeマーケットプレイスの参加企業にとっての価値を2つに集約すると、一つは新規開拓の容易化による調達コストの削減、もう一つはシステムの規格化による継続的な情報共有ということになる。

eマーケットプレイスは売り手企業と買い手企業の取引を仲介するものであるから、商社や卸売が従来から行ってきた事業と重なる。そこで中間流通業がインターネット対応として、eマーケットプレイスの開設を行うことは自然といえよう。また寡占的市場であるためにバイイングパワーのある買い手側のように、取引の一方当事者側が開設したeマーケットプレイスを利用せざるを得ない場合を除けば、基本的には両当事者の中立的立場を堅持してきた中間流通業が電子市場を運営したほうが売り手と買い手の利害の対立が少ない。そして中間流通業による金融機能の提供に不可欠な取引先の財務状況の審査などの与信機能、川下の実需が確定する前に仕入れを行うことで流通を活発にする危険負担機能、高度な受発注システムや物流システムを活かした情報仲介機能を発揮すれば、eマーケットプレイスの機能自体を高度化でき、参加企業の増加や取引額の拡大も期待できる。

▶ インフォマートの事例

商社主導のeマーケットプレイスの設立事例は多いが、十分な取引が成立せず解散を余儀なくされる場合も少なくない。そのような状況で事業が拡大している成功事例が、インフォマート社が運営する「フーズインフォマート」である。インフォマートは、1998年に三菱商事や三井物産の出資によ

って、食品・食材の企業間取引の仲介を主な事業として設立された。その後、順調な売上規模の拡大と収益力の向上を遂げ、2006年には東京証券取引マザーズに株式上場を果たした。

　現在の事業分野[13] はASP商談システム、ASP受発注システム、ASP規格書システムに三分されており、参加企業数は会社設立当初の約300社から2009年12月末で2万社を超える規模となっている。はじめにASP商談システムは、取引のマッチングを主とするeマーケットプレイスの運営事業である。これは参加企業が新規取引先の発掘と既存取引先との商談業務の効率化を目的とするとともに、自社データベースとしても活用することのできるASP商談システムと、売り手企業が買い手企業からのデータ受注や商品カタログ作成に活用することができるASP受注・営業システムから構成されている。

　次にASP受発注システムは、売り手と買い手が日々の受発注業務をウェブサイト上で行うことのできるシステムを提供する事業である。そしてASP規格書システムは、売り手であるメーカーが作成する商品規格書を買い手に提出したり回収したりする作業をウェブ上で行いデータベース化することもできるシステムを提供する事業である。またASP規格書システムは、参加企業間がインターネット上で商品規格書を提出・受領するための事業である。

　なおインフォマートは、こうした取引プラットフォームを活用した事業を拡大するために海外展開を目指しており、すでに中国の外食サービスを対象にしたASP受発注システム事業がライセンス契約によってはじまっている。取引プラットフォームの活用という点では、食品以外の国内市場に展開する可能性もあるだろう。

　インフォマートの業績が拡大した理由の一つは、設立当初にもてはやされていた参加企業の新規取引先開拓を中心とするeマーケットプレイスではな

13　以下の記載はインフォマート社第12期（平成22年12月期）有価証券報告書を参考にした。

く、継続的取引関係にある企業間の受発注システムの運営を中心事業とした
ことにあると考えられる。取引先から得られる月々のシステム使用料を主な
収益源としているために、インフォマートにとって売上の変動が少なく安定
的な事業拡大が可能になった。

　もう一つはそのような情報システムを ASP として提供することによって
低価格でのサービス提供をしたことにある。こうした低価格戦略は、総合商
社の出資という豊富な資金力があったからこそ可能であったと考えられるが、
インフォマートの取引先が買い手の外食チェーンを中心に中小規模の企業が
多かったために有効に作用した。低価格でのサービス提供により参加企業が
増えたことで、薄利多売による事業継続が可能になったとともに、参加企業
の増加自体がネットワーク外部性により同社のシステムを利用することの利
便性を高め、既存の参加企業の囲い込みと新規参加企業の増加につながった
と考えることができる。

8 章
ブロックチェーン技術の活用と国際取引

1. ブロックチェーン

▶ ブロックチェーンの概要

　情報流出や情報改ざんを阻止するためのインターネット上の暗号技術はいくつかあるが、そのうちの一つがブロックチェーンである。総務省（2018）はブロックチェーン技術とは、「情報通信ネットワーク上にある端末同士を直接接続して、取引記録を暗号技術を用いて分散的に処理・記録するデータベースの一種であり、『ビットコイン』等の仮想通貨に用いられている基盤技術である」と定義している。ビットコインを例にとると、売買や代金決済といった取引データは取引台帳に記録されるが、その取引台帳は世界中の多数のコンピュータに保存される。そしてそれらコンピュータ相互が、取引台帳が改ざんされていないかデータの内容を確認している。この保存や確認といった活動にはコンピュータの利用などコストがかかるのでその対価が支払われるが、そうした活動はマイニング（採掘）と名付けられている。

　この技術は、上記のような活動で確定した取引の記録が一つの単位（ブロック）となり、新たな取引記録が追加されると各ブロックが一連の鎖（チェーン）のようにつないで管理されることからブロックチェーンと名付けられた。

　ブロックチェーンの大きな特徴は、暗号処理された取引記録を1か所で集中管理せずに分散管理する点にある。このことから以下のような長所と短所が生じる。長所は4章で述べた情報セキュリティの3要素のうちの①完全性

の高さと、②可用性の高さである。

　①は、取引記録のブロックが連鎖して保存されており、その保存場所が各所に分散しているため、仮に暗号を不正に解読して一部のブロックを書き換えても、各所に存在する過去の記録も含めてすべて書き換えなければ、それが改ざんであることが明らかになってしまうので、分散管理ゆえに改ざんは現実には不可能となることで実現される。②は、1か所での中央管理では、そこに不具合が生じるとすべてのシステムが停止してしまう可能性があることを回避でき、分散管理であるためにネットワークの一部に不具合が生じてもシステム維持が容易となることで実現される。これらに加えて、③セキュリティ対策上、中央管理ではその組織体を頑健に維持する必要が生じ、その設計や運営維持コストが多額となるが、分散管理では個々の管理場所は第三者保有となるなど低コスト運営が可能となる長所もある。

　一方短所は分散管理ゆえの処理負荷の重さである。多数のコンピュータで取引記録を管理するために、改ざんがないことを確認するために行われる記録の突合には長時間を要することになる。この問題を解決するためには、高速大量処理の技術開発が一層進展する必要がある。

　記録の連続性と複数個所での開放的な分散管理という特徴を活かして、ブロックチェーンは中央政府が管理する国家通貨と異なる仮想通貨のビットコインで用いられる技術として有名である。しかしほかにもこの特徴が有効となる、取引や記録の連続性が重視される分野や改ざんのおそれが生じるような高額取引の分野、すなわち医療カルテや処方箋、トレーサビリティといわれる食品の生産履歴、納税、金融、国際取引、サプライチェーン・マネジメントなどでも活用されている。

▶ 分散管理とインターネットの親和性

　ブロックチェーンの特徴である分散管理はインターネットとの親和性が高い。すなわちインターネットはそれ自体、国家のような管理者が存在せず、情報の発信や記録は各主体によって分散的に行われている。またインターネ

ット上では多くの技術や情報が閉鎖的に秘匿されるのでなく開放され、それによって取引参加者や情報量が増えることが、その技術や情報、あるいはそれらを活用するビジネスの価値を向上させてきた。

　ブロックチェーンにおいてもその技術自体は秘匿されているものではなく、各所でのさまざまなサービス提供が自由であり、情報管理が取引参加者で共有され分散的に行われることが可能である。また各サービスでの記録される情報が増えること自体が改ざん防止につながるとともに、データ活用という点でのビジネスの価値を向上させうる。

2.　国際取引の概要

▶ 輸出入手続きの流れ

　国境をまたいで商品やサービスを売買する国際取引は国内取引とどのような違いがあるのだろうか。両者はともに売り手と買い手の間でなされる売買契約という点では共通する。しかし国際取引は国をまたがる取引であって、国ごとに商慣習や通貨、紛争解決時に根拠とする法律が違うことをはじめさまざまな相違点がある。とりわけ企業活動がグローバル化している今日、国際取引ならではの複雑さは、売買契約を締結する前の当事者間の折衝過程だけでなく、契約後に発生する輸出入にかかわる手続きでも顕著である。そこでここでは、一般的な売買契約後の当事者間の輸出入手続きの流れについて図表8-1をもとに概観する。

　まず売買契約後に輸出企業と輸入企業はそれぞれ、政府機関に対して輸出申請、輸入申請を行い、その許可・承認を受ける必要がある。

　これと併行して輸入企業は自己の取引銀行に信用状（Letter of Credit：L/C）の発行を依頼し、当該銀行は輸出企業あてに信用状を開設した旨の通知を行う。信用状とは、そこに記載される条件を満たす書類と引き換えに支払いや引き受けをなすことを約した銀行の書状のことであり、輸入企業の代金支払いが可能であるという信用力を示すことになる。リスク回避の観点から、売

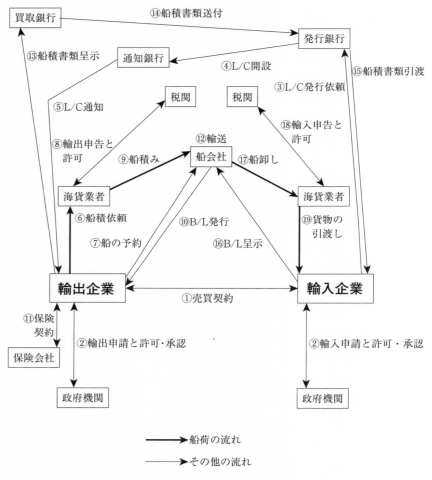

買取銀行 —⑭船積書類送付→ 発行銀行

⑬船積書類呈示

通知銀行 ←④L/C開設

⑮船積書類引渡

③L/C発行依頼

⑤L/C通知

税関　税関

⑧輸出申告と許可

⑱輸入申告と許可

⑫輸送

⑨船積み　船会社　⑰船卸し

海貨業者　海貨業者

⑥船積依頼　⑲貨物の引渡し

⑩B/L発行

⑦船の予約　⑯B/L呈示

輸出企業 ←①売買契約→ 輸入企業

⑪保険契約

②輸出申請と許可・承認　②輸入申請と許可・承認

保険会社

政府機関　政府機関

——→船荷の流れ

——→その他の流れ

図表 8-1　輸出入手続きの流れ

出所：山田（1998）を参考に筆者作成

り手は代金を受け取った後で商品を船積み・輸送をすることを望み、買い手は貨物を引き取った後で代金支払いをすることを望む。そうした両者のニーズを満たすことができる銀行の信用状は、国際取引で物品の受け渡しと代金

決済を円滑に行うために重要な書類である。

　一方、輸出企業は海運貨物取扱業者（以下、海貨業者）に対して船積みの依頼、船会社に対して船舶の予約を行うとともに、売買契約の内容によっては保険会社と海上保険契約も結ぶ。輸出の段階になると、輸出企業の依頼を受けた海貨業者が、輸出貨物について税関への通関手続きをしたうえで船積みを行う。通関手続きとは、税関に対して行う、貨物の輸出や輸入に関する申告から許可を得るまでの手続きである。

　そして船会社は、輸出者に対して船積み貨物と引き換えに船荷証券（Bill of Lading：B/L）を発行したうえで、貨物を輸入先の陸揚げ港へと輸送する。船荷証券とは、運送人である船会社が物品運送契約に基づいて船積みした貨物の受取証であり、これと引き換えに陸揚げ港で貨物の引き渡しがなされる有価証券である。

　輸出企業は、船会社から受け取った船荷証券と、保険証券や貨物の船積みを証明するために自らが作成した送り状（Invoice）など信用状に記載されている決済に必要な船積書類一式を、自己の取引先銀行に呈示して買取を求める。これによって輸出企業は貨物の船積み後、速やかに代金回収を図ることができる。買取銀行は輸入企業側の信用状発行銀行に補償請求を行うことで支払代金を回収し、最終的に信用状発行銀行は輸入企業からの代金受け取りと引き換えに船積書類を引き渡す。

　この間、輸出入手続きの事務処理や船荷の輸送については安全性や確実性が求められるとともに、企業活動であるから迅速性も求められる。そこで輸入企業側があらかじめ貨物の通関準備をしておくことができるように、輸出企業側は貨物の船積みに前後して、貨物の出港・到着予定日や船舶名などの輸送状況、商品名や金額・容量などの貨物内容といった船積みの詳細を、ファックスや電子メールで通知することが一般的である。

　さて船積貨物が陸揚げ港に到着すると、輸入企業は船会社に船荷証券を呈示するのと引き換えに、貨物を受け取ることができる。そして輸入企業の依頼を受けた海貨業者が、税関に輸入申告を行いこれが許可されると輸入が完

了する。

　このように通常、輸出入手続きには多数の関係者と書類の流れが存在する。関係者としては、契約当事者である輸出者と輸入者だけでなく、船会社や保険会社、銀行や政府機関が存在する。そして輸出企業から輸入企業に至るまでに、貨物の引き受けに不可欠な船荷証券をはじめとして多数の書類が移転していくのである。

▶ 国際取引の特徴

　以上の流れを踏まえたうえで、国内取引と比較したときの国際取引の特徴をもう少し考えてみよう[1]。最大の特徴は、国をまたがる取引になるという点であるが、ここから以下のような特徴が生じることになる。

　まず、国ごとに貿易管理制度が存在するという点である。その一つに各国が課す関税がある。関税とは、主に外国から輸入される貨物に対して各国が課す租税のことをいい、国際収支の安定や租税収入の確保、国内産業の保護などの目的で行われるものである。この他にも各国は貿易政策上、さまざまな法制度を設けている[2]。こうした法規制が各国で設けられているので、国際取引は国内取引に比べて手続きも煩雑となる。

　また、資金決済の方法も特徴的である。一般的にいえば国内取引と比べて国際取引のほうがリスクは高いので、売り手も買い手も商品引き渡しや代金支払いにより慎重を期すことになるだろう。そこで船荷証券という有価証券を用いて、銀行が売り手と買い手の間の資金決済を仲介している。しかし輸出入に関する売買契約に直接関係していない銀行がその内容面まで確認することは難しいから、銀行は信用状の内容とこれら船積書類が形式的に一致し

1　貿易実務の観点から国際取引全般を解説するものに八尾（2007）がある。

2　たとえばわが国には外国為替及び外国貿易法（以下、外為法という）がある。外為法は対外取引が自由に行われることを基本としつつ、必要最小限の管理または調整を行うことでその正常な発展を期し、国際収支の均衡および通貨の安定、経済の健全な発展に寄与することを目的とするものである。同法は1998年に大幅改正され、改正前に比べて、輸出入報告書が廃止されるなど貿易手続きが全体的に簡素化された。しかし今日でも、輸入貨物の承認や安全保障貿易関連貨物に関する輸出許可といった各種の規制と、これらに反したときの罰則規定が設けられている。

ていることで代金の立て替えをするのであり、両者が一致しなければ代金決済から免責されることになる。したがって書面の文言の内容に厳格性が求められることになる。

　さらに、輸入貨物の入手に時間がかかるという点も特徴である。輸出入許可や関税手続きに時間を要することはもちろん、国際取引の多くは海上輸送であるから、輸出先を出港してから輸入先に入港するまでに長時間を必要とする。

　このことから一つには、時間がかかる分だけ当事者の倒産や契約の不履行といったトラブルや、輸送途上でさまざまなトラブルが発生するおそれが高くなる。そこであらかじめ取引の当事者間で危険負担の取り決めをしておく必要性も高くなる。ただしこのとき、国によって法律が異なるから、紛争解決のための準拠法をいずれにするかということが大きな問題となる[3]。

　もう一つ、輸入貨物の入手時間の短縮も解決すべき課題となる。製品ライフサイクルが短縮化し、技術革新が進む今日では、商品の陳腐化を防ぐために迅速に商品を入手できることが望ましい。そこで航空輸送や船舶のコンテナ輸送の活用による輸送時間の短縮や、多数存在する貿易書類の作成や処理時間の短縮が図られることになる。

　以上のような、国際取引の手続きの煩雑さ、資金決済リスクの高さ、国による根拠法の相違、多数の貿易書類作成・処理の必要性といった問題を解決するために貿易書類の電子化が図られている。

▶ 貿易書類の電子化の事例とブロックチェーンの活用

　貿易書類の電子化は政府、企業レベルでさまざまに行われているが、①国

3　貿易取引で生じる諸問題を解釈するための指針として、ウィーン売買条約や、インコタームズ（Incoterms：International Rules for the Interpretation of Trade Terms）という国際統一規則が設けられ、売り手と買い手の権利・義務や費用分担、危険負担の方法について定めている。後者は国際商業会議所（International Chamber of Commerce：ICC）が制定した国際ルールであり、国家間の条約や国ごとの法律ではないが、契約当事者間では貿易実務における標準的な基準となっている。

際的な金融サービスとして Bolero、②日本政府の取り組みとして NACCS がある。以下ではそれらを述べた後で、従来の電子化の問題点とブロックチェーン活用の意義を述べる。

　Bolero（Bill of Lading for Electronic Registry Organization：ボレロ）とは、国際取引における輸出入手続書類を電子化し、代金決済を行うための船荷証券の電子化を可能にするための EDI（電子的データ交換）である。Bolero の特徴は次の3点にまとめることができる。第一が中立性である。Bolero を運営する Bolero International Limited（BIL）の主な出資者は、世界の主要銀行間の決済ネットワークである SWIFT（Society for Worldwide Interbank Financial Telecommunication：国際銀行間決済機構）と、海運業者の保険組合である TT Club（Through Transport mutual Club）であるから輸出入を行う特定の業界や企業に偏らない、ルールの策定やサービスの提供が可能である。このような中立性は輸出入企業にとって参加を促す大きな要因である。

　第二が高度な技術サービスの提供である。その一つがセキュリティを確保するための安全なメッセージング基盤の提供である。銀行間決済データ交換システムの運用も行っている SWIFT が、Bolero の通信基盤システムの中核である CMP（Core Messaging Platform：中央伝達機関）を運用し、そこでは公開鍵暗号方式に基づいた電子認証を用いて、機密性・安全性を保証した参加企業間のデータ交換を行っている。また、XML（eXtensible Markup Language）による電子文書の標準化サービスを提供している。Bolero は 2002 年末で 82 種類の貿易文書について XML による標準化を行っているが、この標準化によって Bolero に接続する参加企業各社のシステムが独自に構築されていても、Bolero のセンターを経由することで貿易文書の交換が可能となっている。これによって参加企業間での効率的なデータ交換が可能になっているのである。さらに、SURF（Settlement Utility for managing Risk and Finance）というサービスの提供も行っている。これは、売買に関する文書チェックから代金決済に至るまでの貿易書類を手作業で確認する手間を省き、参加企業と銀行間のデータ交換を電子的に自動化するものである。輸出入の当事者は、書

類をベースにした信用状や送金といった手段によらず、貿易手続き全体で電子化のメリットを享受することができ、金融機関にとっても書類を自動照合できるのでコストダウン効果がある。

　第三が当事者を拘束するルールの提供である。その一つが、ルールブックの存在である。これは、Bolero というシステムの中で参加企業の行為を拘束する法的枠組みである。Bolero の当事者すべてがこのルールに従うことで、自社の所在国の法律や自社に有利な国の法律を根拠としたり、裁判管轄を主張したりすることがなくなり、結果として安全確実な電子的な貿易書類の交換や代金決済が法的に可能になる。貿易文書を電子認証に基づいた安全確実なデータとして交換することが可能になる。言い換えればこの規約によって、Bolero という閉ざされたシステムの中での参加企業の取引行為が拘束される。もう一つが、Title Registry というサービスの提供である。これは有価証券である船荷証券の権利移転を電子的に行うことを目的として、CMP が所有権移転情報を管理するものである。

　NACCS（Nippon Automated Cargo and Port Consolidated System）は、税関、関係行政機関と民間企業をオンライン・ネットワークで結び、日本を入出港する船舶や航空機、そして輸出入される貨物について生じる輸出入手続きを処理する輸出入・港湾関連情報処理システムである[4]。

　かつての NACCS は、航空貨物の手続きを担う Air-NACCS と海上貨物の手続きを担う Sea-NACCS が独立して存在していたが、両者の統合に加えて、国土交通省が管理・運営していた船舶の入出港に関する港湾 EDI システムや、経済産業省が管理・運営していた外為法に基づく輸出入許可に関する JETRAS といった各省庁の関連システムについても NACCS に統合したものである。このシステムは船会社に加えて、荷主である輸出企業・輸入企業、海貨業者、非船舶運航海上運送人とよばれる貨物取扱運送業者の参加が可能であり、輸入時は船舶の入港から貨物の取り卸し、輸入申告・許可、

4　従来は独立行政法人通関情報処理センターが業務を担っていたが、2008 年からは新設された輸出入・港湾関連情報処理センター株式会社が事業を行っている。

国内への引き取りまで、輸出時は貨物の保税地域への搬入から、輸出申告・許可、船積み、出港までの一連の税関手続きおよび関連民間業務の電子的処理が可能となった。したがって NACCS を利用する企業は、船舶の入出港から輸出入荷物に関する一連の行政手続きを電子的に行うことで業務処理の迅速化と効率化、ペーパーレス化が可能となる。これは従来、各省庁への手続きが個別に必要であったものが、一度の入力でそれが複数の手続きへと転用されるシングルウィンドウ化によるところが大きい。また社内システムと NACCS との間での EDI によりデータを同期化することも可能となった。つまり港湾・空港における物流情報等を総合的に管理するプラットフォームシステムとしたことで利便性が向上した。

　このほかにも Trade Service Utility（TSU）など官民さまざまな電子化サービスが存在するが、その仕様はまちまちで個別にシステム開発が必要となりコストが高くなることもあり、今まで統一的な規格化はもちろん事実上の標準といえるような仕様も存在しない。しかし、ブロックチェーン技術は特定の運営者ではなくその技術的仕組みによって信頼性が担保される。つまり非中央集権型の分散管理システムである点は、運営者の属性によって取引参加者にとっての有利・不利が生じにくく公平性を保つことができる可能性が高い。また取引記録を参加者それぞれが保有することが参加企業の業務改善に有効であるだけでなく、改ざん防止というデータの頑健性を高める点でも有効性が高い。またブロックチェーンという開放的・汎用的な技術を用いることはサービス内容の拡張性に優れている。こうした点からブロックチェーンを活用した貿易手続きの電子化サービスの提供がはじまっており、たとえば海運大手のデンマークのマースク社と IBM は 2018 年から「TradeLens」の商用サービスを提供している。このようにブロックチェーンは、貿易取引の電子化においても新たなプラットフォーム技術となることが期待されている。

3. 貿易書類の電子化の必要性

▶ 事務処理コスト削減の必要性

　国際取引は企業活動のグローバル化に伴って拡大している。しかし貿易には一回の輸出入に必要な書類や、政府機関をはじめとする関係者も多くなる。そのためさまざまな書類への転記という煩雑な事務処理が必要となり、同一項目を異なる書類へ何度も記載するという無駄も多く発生する。とくに関税など通関手続きには多くの提出書類が求められるとともに、銀行の決済は書類の記載事項に基づいて行われるから、語句の違いは支払拒絶の理由になる点も、事務処理に慎重さが要求され手続きが煩雑な理由となっている。

　やや古い資料だが、アジア太平洋経済協力会議（Asia-Pacific Economic Cooperation：APEC）のレポート（APEC Report on Trade Impediments 1995）では、貿易取引は「1取引につき、最大27の業者が関連し、40種類以上の書類が作成され、200以上のデータ項目が使用される」非常に多岐にわたる煩雑な手続きであるとしている。また国連貿易開発会議（United Nations Conference on Trade and Development：UNCTAD）が行った調査であるUNCTAD（1994）では、貿易取引額のおおむね7～10%が貿易文書の作成や管理業務に費やされていると試算している。この数値を日本にあてはめると、2002年の貿易取引額が94兆円であったので、すでに一部の貿易業務の電子化が進んでいるから書類管理にかけられている費用の比率は若干低めになるとしても、単純に考えれば6兆円程度は貿易関連の事務処理に費やされていることになる。

　一方、近年の日本の国際取引についてその推移を見ると、貿易金額、件数ともに増加しているが、とくに後者の増加が著しいこと、航空輸送が増加していることが特徴的である。すなわち、取引一件あたりの金額が減少しているとともに、高速貨物輸送が増加している。この理由としては、購入者サイドのニーズの多様化から多品種少量輸送が増えたことや、デジタル家電に代表される製品ライフサイクルの短縮化によって迅速な輸送の必要性が高まっ

たことが考えられる。取引件数の増加は関係者の事務処理負荷を増やすとともに、取引ロットの小口化は貿易関係者の収益性を悪化させるために、コスト削減が必要となっている。

▶ 船舶の高速化と航空輸送の増加

　航空輸送の増加とともに、海上輸送においても積み替え不要のコンテナ化や貨物船の高速化によるスピードアップが進んできた。ところが貨物が届いたのに、これを受け取るための船荷証券が未着である場合、どのような問題が生じるだろうか。

　船荷証券は運送契約に基づく引き渡し請求権を表すとともに、貨物に対する所有権や質権などを表章する金銭的価値を有した有価証券であるから、これを第三者に引き渡せば貨物の所有権を移転させることが可能になる。また輸出企業は船荷証券を自分の取引銀行に買い取ってもらうことによって代金を回収し、輸入企業は自分の取引銀行を経由して代金と引き換えに受け取った船荷証券を運送人に呈示することで貨物の引き渡しを受けることになる。

　つまり船荷証券が未着であると、輸入企業側は貨物の引き渡しを受けることが不可能である。したがって輸出企業は輸入企業に船積書類一式を速やかに送ることが必要である。

　ところが貨物輸送が高速化する一方で、船積書類は航空輸送を用いても輸入者へ届くまでに銀行など複数人の手許を経由することから、貨物が着いても船荷証券が届かず、輸入者が荷物を受け取れない場合が増えてきた。このような問題を船荷証券の危機という。

　この対応策の一つとして、銀行や輸入者が発行した保証状（Letter of Guarantee：L/G）と引き換えに運送人から貨物を引き取る慣習が一般化している。しかしこれでは後から船荷証券を所持する者が正当な権利者であるとして貨物の引き渡しを要求した場合や、輸入者が倒産した場合に運送人が不測の損害を負うおそれがある。

　また他の対応策として、船荷証券を使わず船荷貨物の引き取り機能のみを

もつ海上運送状（Sea Way Bill：SWB）や航空運送状（Air Way Bill：AWB）という仕組みが生まれた。これは、貨物の引き取りに際して運送状の提出を必要としないものである。しかしこの方法では貿易金融の担保機能がないため、売り手は社内取引やとくに信用できる買い手との取引に利用を限定せざるを得ない。

　あるいはもう一つの対応策として、スタンドバイ信用状の利用が考えられる。これは輸入者が代金支払いを行わない場合に限って、銀行によって支払いが行われることになる信用状である。通常、代金支払いは貿易当事者間の電信決済などによって直接行われることになる。そのため船積書類は銀行を経由せずに輸入者に直送されるから、書類の到着が貨物よりも遅れるおそれは低くなる。しかしこの方法では、輸出者は代金受け取りに際して船荷証券の呈示が不要となるから、貨物の船積みをしていないにもかかわらず信用状に基づく支払い要求を行うおそれがある点で、輸入者にとっては信用できる輸出者との取引に利用を限定せざるを得ない。

　このように船荷証券に代わる保証状、運送状やスタンドバイ信用状は、信用のある取引者同士でないと、関係者のいずれかに多大なリスクがつきまとうことになる。そこで検討されてきたものが船荷証券の電子化である。すなわち「船荷証券を発行する代わりに、その内容を運送人がコンピューターに保存して、運送人と荷送人あるいは譲受人が互いにEDIメッセージを伝送し、権利の証明として個人キー（暗証番号）を使用することにより運送品に対する支配・処分権の移転と運送品の引渡しを行う方法」[5]である。このような船荷証券の電子化には物流に関する情報と代金決済に関する情報をひも付けして伝達する必要がある。

▶ サプライチェーン・マネジメントの必要性
　国際取引でサプライチェーン・マネジメント（SCM）を実施することは国

5　新堀聰「船荷証券の危機再訪」斎藤編著（1998）所収を引用した。

内取引よりも難しい。それは、国が異なれば企業間での情報共有が物理的に困難になるだけでなく、EDI などで業界標準が整っている国内取引と比べて、国際取引では関係するすべての企業の間で入力すべきデータの種類を確定したり、各データの定義を共通化したりすることが困難になるからである。仮に完成品メーカーが大企業で部品メーカーはその下請け的な地位にあるような、サプライチェーンの中で力の強弱関係が明白な場合は SCM の推進も容易となるだろう。しかし国際取引では完成品メーカーの支配力に限界があり十分なパートナーシップを結ぶのは難しい場合が多いことから、在庫や需要など入手できるデータの信頼性も高まらない。

　たとえば、6 章で考察したようなアパレルのサプライチェーンを考えてみよう。本来は SCM による全体最適化のためには取引の関係者すべてから情報を入手する必要があるのに、川上の縫製などを担当するメーカーは中国や東南アジアの企業で、完成品を販売するアパレルメーカーとは強い取引関係がない場合が多い。したがって生産や調達上の情報入手のために情報端末への入力を依頼しても取引関係上、迅速な送信を期待することは難しい。そして取引関係のある海外の企業や工場は多数にのぼるから、すべての取引先から確実な情報提供を期待することは現実的には困難である。

　そこで貿易書類の電子化を行うことで、各企業が請求書などの伝票を発行すると自動的に情報が送信されるような仕組みを設けることが考えられる。このような仕組みであれば、海外に散らばる部品メーカーも完成品メーカーの SCM 達成のためだけではなく、自社の代金回収を迅速化するために各種情報の電子的共有を行うようになると考えられるからである。

　こうした観点からの電子化の場合、受発注 EDI や物流 EDI を行うことで目的の多くが達成できるはずであるから、有価証券としての船荷証券の電子化にまでこだわる必要はない[6]。むしろ貿易書類の電子化の目的が、書類作

6　新堀（2001）327 頁も船荷証券の電子化について、権原登録機関の必要性や各国での法的問題の存在から、船荷証券そのものが衰退してゆく以上、多額の費用をかけてそれを制度化することに疑問を呈している。

成の手間を減らす効率化・省力化だけでなく、SCM に活用することで企業活動全体を見直す戦略的活用にあることが重視されるべきである。取引関係者が多く、そこで交換される書類や情報も多岐にわたる国際取引では、業務改善のためにさまざまな電子化が模索されてきたが、セキュリティの高さと分散管理、低コスト運営が可能であるという長所を有するブロックチェーンの活用が一層進む可能性がある。

参 考 文 献

Brian T. Ratchford, Xing Pan, & Venkatesh Shankar（2003）"On the Efficiency of Internet Markets for Consumer Goods" *Journal of Public Policy & Marketing*, Vol. 22, pp. 4–16, The University of Michigan.

International Telecommunication Union（2006）"ITU Internet Report 2006"

J. C. Rochet & J. Tirole（2006）"Two-sided Markets: A Progress Report," *RAND Journal of Economics*, Vol. 37, No. 3, pp. 645–667, RAND Corporation.

Joseph Alba, John Lynch, Barton Weitz, Chris Janiszewski, Richard Lutz, Alan Sawyer, & Stacy Wood（1997）"Interactive Home Shopping : Consumer, Retailer, and Manufacturer Incentives to Participate in Electronic Marketplace" *Journal of Marketing*, Vol. 61, pp. 38–53, American Marketing Association.

UNCTAD（1994）"Columbus Ministerial Declaration on Trade Efficiency"

マイケル・ハマー＆ジェイムズ・チャンピー著、野中郁次郎監訳（1993）『リエンジニアリング革命—企業を根本から変える業務革新』日本経済新聞社（Michael Hammer & James Champy〔1993〕*Reengineering the Corporation : a Manifesto for Business Revolution*, Harper Business）

クリス・アンダーソン著、篠森ゆりこ訳（2006）『ロングテール—「売れない商品」を宝の山に変える新戦略』早川書房（Chris Anderson〔2006〕*The Long Tail : Why the Future of Business is Selling Less of More*, Hyperion）

クリス・アンダーソン著、小林弘人監訳（2010）『フリー—〈無料〉からお金を生みだす新戦略』日本放送出版協会（Chris Anderson〔2009〕*Free : The Future of a Radical Price*, Hyperion）

インターネット協会監修（2010）『インターネット白書』インプレスジャパン

運輸省（1997）「総合物流施策大綱」

NHK 取材班（2007）『グーグル革命の衝撃』日本放送出版協会

NHK「プロジェクト X」制作班（2004）『「100 万座席への苦闘」—みどりの窓口・世界初　鉄道システム』NHK 出版

大嶋淳俊（2016）『e ビジネス＆マーケティングの教科書（第 2 版）』学文社

岡村久道（2003）『個人情報保護法入門』商事法務

川辺信雄（2003）『セブン-イレブンの経営史—日本型情報企業への挑戦（新版）』有斐閣

木立真直・辰馬信男編著（2006）『流通の理論・歴史・現状分析』中央大学出版部

國領英雄編著（2003）『現代物流概論（2訂版）』成山堂書店

経済産業省（2007）「企業ポイント研究会報告書—企業ポイントのさらなる発展と活用に向けて」

経済産業省（2010a）「消費者向け電子商取引実態調査」

経済産業省（2010b）「クラウドコンピューティングと日本の競争力に関する研究会報告書」

経済産業省（2017）「平成28年度電子商取引に関する市場調査報告書」

経済産業省（2018）「電子商取引及び情報財取引等に関する準則」

経済産業省（2019）「平成30年度電子商取引に関する市場調査報告書」

公正取引委員会（2006）「電子商店街等の消費者向けeコマースにおける取引実態に関する調査報告書」

斎藤祥男編著（1998）『国際ビジネス—実態と法的側面』文眞堂

坂村健（2016）『IoTとは何か　技術革新から社会革新へ』角川新書

島田克美（1998）『企業間システム—日米欧の戦略と構造』日本経済評論社

清水聰（2004）『消費者視点の小売戦略』千倉書房

情報処理推進機構（2018）『情報セキュリティ読本（5訂版）』実教出版

白田秀彰（2002）「ネットベンチャーにおける法的コスト」『一橋論叢』128巻、73－91頁

総務省（2010a）「平成21年通信利用動向調査」

総務省（2010b）「クラウドコンピューティング時代のデータセンター活性化策に関する検討会報告書」

総務省（2012）「平成23年　通信利用動向調査」

総務省（2016）「平成27年　通信利用動向調査」

総務省（2018）「平成29年　通信利用動向調査」

総務省（2019）『令和元年版　情報通信白書』

高橋和之・松井茂記・鈴木秀美編（2010）『インターネットと法（第4版）』有斐閣

高橋秀雄（2001）『電子商取引の動向と展望』税務経理協会

高橋秀雄（2012）『eコマース・ビジネス—その展開と動向』中央経済社

田島義博・原田英生編著（1997）『ゼミナール流通入門』日本経済新聞社

デジタルコンテンツ協会編（2009）『デジタルコンテンツ白書2009』デジタルコンテンツ協会

東京都生活文化スポーツ局・福祉保健局（2008）「大学との連携による不当表示・広告の収集調査結果報告書」

遠山曉・岸眞理子・村田潔（2015）『経営情報論（新版補訂）』有斐閣

時永祥三・譚康融（2001）『電子商取引と情報経済』九州大学出版会

中田信哉・湯浅和夫・橋本雅隆・長峰太郎（2003）『現代物流システム論』有斐閣

中谷巌編著（2001）『IT 革命と商社の未来像―e マーケットプレイスへの挑戦』
　東洋経済新報社

新堀聰（2001）『現代貿易売買―最新の理論と今後の展望』同文舘出版

根来龍之（2017）『プラットフォームの教科書』日経 BP

農林水産省（2006）『食料・農業・農村白書』

野中郁次郎・竹内弘高（1996）『知識創造企業』東洋経済新報社

幡鎌博（2018）『e ビジネスの教科書（第 7 版）』創成社

古川一郎・守口剛・阿部誠（2011）『マーケティング・サイエンス入門（新版）』
　有斐閣

丸山正博（2007）『インターネット通信販売と消費者政策―流通チャネル特性と企
　業活動』弘文堂

丸山正博（2008）「アフィリエイトとドロップシッピング」多賀谷一照・松本恒雄
　編『情報ネットワークの法律実務（加除式）』第一法規

丸山雅祥（2017）『経営の経済学（第 3 版）』有斐閣

村井純（2010）『インターネット新世代』岩波書店

八尾晃（2007）『貿易取引の基礎』東京経済情報出版

矢作敏行（1996）『現代流通―理論とケースで学ぶ』有斐閣

山下洋史・諸上茂登・村田潔編著（2003）『グローバル SCM ―サプライチェー
　ン・マネジメントの新しい潮流』有斐閣

山田晃久（1998）『貿易・為替の基本（第 2 版）』日本経済新聞社

流通経済研究所編（2003）『POS・顧客データの分析と活用―小売業と消費財メー
　カーのマーケティング活用を中心に』同文舘出版

流通システム開発センター編（2008）『EDI の知識（第 2 版）』日本経済新聞社

流通システム開発センター（2019）『流通情報システム化の動向 2019～2020』

ルイス・ガースナー著、山岡洋一・高遠裕子訳（2002）『巨象も踊る』日本経済新
　聞社

索　引

著 者 略 歴

丸山正博（まるやま・まさひろ）

西南学院大学商学部教授、博士（経営法）

1970年生まれ。1994年一橋大学商学部を卒業し、三井信託銀行、（財）流通経済研究所、拓殖大学、明治学院大学を経て現在に至る。

またこの間、1999年筑波大学大学院経営政策科学研究科修士課程、2007年一橋大学大学院国際企業戦略研究科博士課程を修了。

著書

『電子商取引』（文部科学省検定教科書、編著）東京法令出版 2016年

『プレステップマーケティング』弘文堂 2009年

『インターネット通信販売と消費者政策』弘文堂 2007年

『電子商取引入門』八千代出版 2004年、ほか。

電子商取引とeビジネス
──ネット通販からプラットフォーム、AIの活用へ

2020年3月10日　第1版1刷発行

著　者─丸　山　正　博
発行者─森　口　恵美子
印刷所─シ　ナ　ノ　㈱
製本所─グ　リ　ー　ン
発行所─八千代出版株式会社
　　　　東京都千代田区神田三崎町 2-2-13
　　　　TEL　03-3262-0420
　　　　FAX　03-3237-0723
　　　　振替　00190-4-168060

＊定価はカバーに表示してあります。
＊落丁・乱丁本はお取り替えいたします。

ISBN 978-4-8429-1764-1　ⓒ 2020 M. Maruyama